AF666404

Dieter Volk

Für Sie gesehen

Filmverführungen

FSC
www.fsc.org
MIX
Papier aus verantwortungsvollen Quellen
Paper from responsible sources
FSC® C105338

Bibliografische Information der Deutschen Nationalbibliothek
Die Deutsche Nationalbibliothek verzeichnet diese Publikation in der Deutschen Nationalbibliografie; detaillierte bibliografische Daten sind im Internet über http://dnb.d-nb.de abrufbar.

© 2023 by opus magnum, Stuttgart (www.opus-magnum.de)
Alle Rechte vorbehalten.

Grafik und Layout: Barbara Fischer
Herstellung: Books on Demand GmbH. Norderstedt
ISBN 13: 978-3-95612-043-5

Dieter Volk

Für Sie gesehen

Filmverführungen

opus magnum

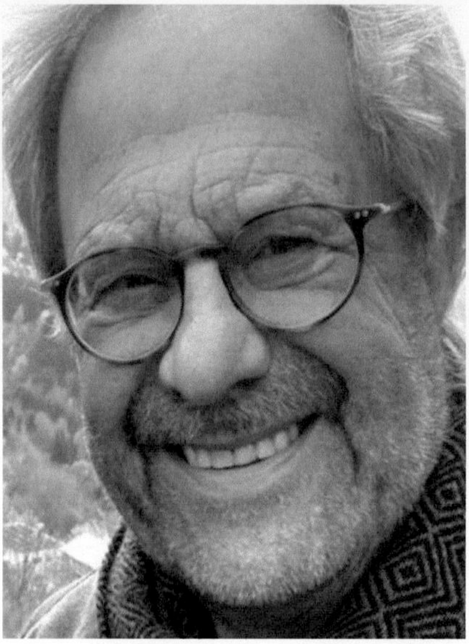

Dieter Volk
Analytischer Kinder- und Jugendlichen-Psychotherapeut,
Dozent am C. G. Jung-Institut Stuttgart.
Dort Initiator der Veranstaltungsreihe „Film im Keller“

Inhalt

Vorwort

Wer erinnert sich nicht an seine ersten Kinobesuche? Für mich und meine Freunde waren es Ivanhoe, der schwarze Ritter und Prinz Eisenherz. Vermutlich ahnten wir noch nichts von der Bedeutung des Films als Kunstform und kulturelles Bildungsgut, als Unterhaltungs- und Kommunikationsmedium. Uns begeisterte vor allem, gemeinsam den Blick nach vorne auf die Leinwand zu richten und zusammen den Film anzuschauen. Wir spürten das besondere des Kinosaals, jenes magischen Ortes, in dem wir im Dunklen gemeinsam durch Geschichten reisten, mit den Helden fieberten und sie lautstark anfeuerten.

Diese gemeinsame Form des Filmerlebens ist mir immer geblieben. Vielleicht war dies der Hintergrund, dass meine Frau Elisabeth Schörry-Volk und ich die Veranstaltung „Film im Keller“ initiierten, die über viele Jahre im Gewölbekeller des C. G. Jung-Instituts Stuttgarts stattfand. Dreimal im Semester gab es Gelegenheit, auf einer großen Leinwand Filme gemeinsam anzuschauen, einzutauchen ins Filmgeschehen der jeweiligen Filmreihe, sich anmuten zu lassen und in einen lebendigen oftmals sehr persönlichen Austausch zu kommen. Jung und Alt, Dozenten und Dozentinnen, Mitglieder des Instituts und Studierende konnten sich auf einer Weise begegnen, für die es im anstrengenden Ausbildungsbetrieb kaum Zeit und Raum gibt.

Auch Filmbesprechungen und -kritiken, Filmvorführungen und -verführungen haben seit jeher zum Medium Film gehört. Bei meinen filmkundlichen Reflexionen war und ist mir immer wichtig, mit cineastischer Leidenschaft einen Beitrag zu leisten, der das filmische Werk auch mit den Augen der Analytischen Psychologie betrachtet. Deshalb habe ich im Jung-Journal, Zeitschrift für Analytische Psychologie und Lebenskultur, seit Februar 2009 in der Rubrik „Für Sie gesehen“ regelmäßig Filme vorgestellt und besprochen. Filme, die nach meinem Dafürhalten mit dem Thema des jeweiligen Heftes harmonierten. Verständlich, dass solcherlei Auswahl meinen persönlichen filmischen Vorlieben entspricht.

Dieter Volk im Mai 2023

„Cinema Paradiso“ – Das Kino, ein Ort voller Magie[1]

Ein Film von Giuseppe Tornatore, 1988

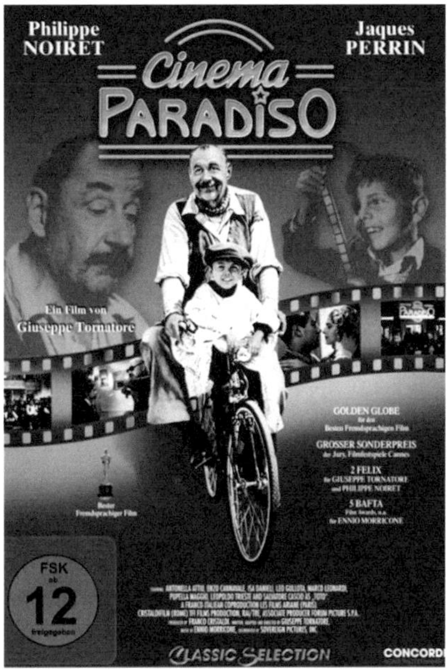

Jahrmärkte, so heißt es, seien Ausgangspunkte bzw. Ursprungsorte des Kinos gewesen. In den Schaubuden und Panoptiken dort wurden gegen Ende des 19. Jahrhunderts optische Täuschungen und bald schon die ersten „bewegten Bilder” gezeigt – Kino als Kirmes.

Auch nachdem die Vorführung der ersten kurzen „Filme” in Nebenzimmern von Wirtshäusern und Cafés oder im Rahmen von Varietéprogrammen stattfanden – immer war es eine Attraktion, war es Spektakel, eine gesellige Veranstaltung mit ungeheurer Strahlkraft. Bis heute geht vom Kino dieser besondere Zauber aus.

Obwohl der Film noch eine relativ junge Kunst ist, haben sich bald schon Heerscharen von Filmtheoretikerinnen und Filmtheoretikern mit ihm beschäftigt, auch wurde aus der Soziologie und Philosophie der Frage nachgegangen „Warum gehen die Menschen ins Kino?”. Ja, auch die Psychoanalyse hat sich überaus reichlich mit dem Phänomen Kino und Film beschäftigt.

So manche Charakterisierung gab es im Lauf der Zeit: Das Kino als „Fenster zur Welt”, als „Traumpalast”, als „Höhlenhaus der Träume”, der Kinosaal als „Raum kollektiver Erfahrungen”, der Film als „Flügel der Fantasie”, als „Kunst der Emotionen”, gar als „Gefühlsschleuder von Leben, Liebe und Tod”.

Als ob er solcherlei Gedanken reflektieren und zur Darstellung habe bringen wollen, begibt sich Regisseur Giuseppe Tornatore mit *Cinema Paradiso*, für den er 1990 mit dem Oscar für den besten fremdsprachigen Film ausgezeichnet wurde, auf eine Reise in die Welt seiner Wurzeln im ländlichen Sizilien. Der damals noch junge Filmemacher Tornatore, der für seinen erst zweiten Spielfilm auch das Drehbuch schrieb, erzählt darin mehrere Geschichten.

Gekonnt versteht er es, die Geschichte eines kleinen Ortes mit der ihres Kinos zu verbinden. Wunderbar, wie er mit diesem Film seine Liebe zum Kino zum Ausdruck bringt, geradezu eine Ode an das Kino, und dies, indem er von der außergewöhnlichen und berührenden Freundschaft zwischen dem alten Filmvorführer Alfredo und dem kleinen Jungen „Toto" erzählt; wie er der Frage nachspürt, welche Bedeutung das Kino sowohl für die Gesellschaft als auch für den Einzelnen hat.

Kirche und Kino

Giancaldo, ein kleines Städtchen in Sizilien. Ein malerischer Ort, weltabgeschieden. In eben dieses Örtchen gehen die Gedanken des erfolgreichen Filmemachers Salvatore („Toto") de Vito zurück, als er – seit Jahrzehnten in Rom lebend – vom Tod des ehemaligen Filmvorführers Alfredo (Philipp Noiret) erfährt. Er erinnert sich an seine Kindheit und Jugend, an Tage und Stunden, die er im damaligen Dorfkino Cinema Paradiso verbracht hat, und er entsinnt sich der Freundschaft, die ihn mit Alfredo verbunden hat.

Und so begibt sich der Film in Rückblenden in einer imaginären Reise in den Kosmos dieses kleinen Städtchens, in die Zeit nach dem Zweiten Weltkrieg, in eine Welt, in der die Wunden des Krieges noch deutlich sind, in ein Milieu, sozial gekennzeichnet durch Klassenunterschiede und die große Armut der Mehrzahl seiner Bevölkerung, eine Welt, in der die Kirche im Zentrum steht und der Pfarrer als oberste moralische Instanz die sittlichen Vorgaben macht. Aber nicht nur die Kirche steht am Marktplatz des Ortes. Ihr gegenüber, geradezu als Kontrapunkt, steht unübersehbar das stattliche Gebäude des Cinema Paradiso, in dem sich die Dorfgesellschaft ein regelmäßiges Stelldichein gibt. Nicht übertrieben zu sagen: Dieses Kino ist das eigentliche soziale Zentrum des Ortes.

Dennoch, das Auge der Kirche wacht. Der Dorfpfarrer Padre Adelfio (Leopoldo Trieste) prüft gewissenhaft und mit heiligem Ernst, dass seine Schäflein ja keine ungehörigen Bilder zu sehen bekommen. Vor jedem neu anlaufenden Film fungiert er als Zensor, indem er im leeren Zuschauerraum sitzt und sich, mit einer Klingel bewaffnet, den Film der nächsten Woche anschaut. Jede anstößige Stelle – meist sind es harmlose Kussszenen – moniert er mit lautem Schellen. Für Alfredo, den Filmvorführer, das Gebot, die bemängelten Stellen auf der Filmrolle zu markieren und anschließend herauszuschneiden.

Toto – ein junger Cineast

Indes, da gibt es noch einen weiteren Zuschauer, den kleinen Salvatore, genannt Toto (als Kind von Salvatore Cascio gespielt, als Jugendlicher von Marco Leonardi und als Erwachsener von Jacques Perrin verkörpert). Zwar steht er dem Pfarrer, mit wenig Freude, als Messdiener zur Seite, seine ganze Leidenschaft gehört jedoch dem Kino – ein heimlicher Cineast. Nicht nur die Filmgeschichten auf der Leinwand verfolgt er mit dem gesamten Publikum begeistert und mit großen Augen, mehr noch fasziniert ihn Alfredo in seinem Projektionsraum. Wann immer sich die Gelegenheit bietet, beobachtet er dessen Tun. Jeden seiner Handgriffe prägt er sich ein, verfolgt amüsiert das Herausschneiden der anstößigen Stellen. Gegen den anfänglichen Widerstand seiner Mutter, einer Kriegerwitwe, schleicht er ins Kino. Auch von Alfredo wird Toto lange Zeit ungern in seiner Nähe gesehen, da er nicht nur alles ganz genau wissen will, sondern sich immer wieder an den herausgeschnittenen Filmstreifen zu schaffen macht. Doch der Junge lässt sich nicht vertreiben, und schließlich schafft er es, mit seinem kecken Bubencharme Alfredos Herz zu gewinnen. Dieser führt ihn in die Technik der Filmprojektion ein. Nicht nur dies, der Griesgram entpuppt sich als liebenswerter Alter und wird Toto ein väterlicher Freund, ja er ersetzt ihm den in Russland gefallenen Vater. Und bald wird Toto ihm ein treuer und zuverlässiger Helfer.

Der Kinosaal – ein gemeinsamer Erlebnisraum

Der Plot des Films ist umrissen, der Beginn der Geschichte einer wunderbaren Freundschaft erzählt, so dass Tornatore nun den Blick zum Geschehen im Kinosaal lenkt. Und er präsentiert – als Film im Film – einen bunten Reigen aus Filmszenen mit Werken berühmter Regisseure wie Jean Renoir, Luchino Visconti, Federico Fellini, John Ford, mit Leinwandgrößen wie Jean Gabin, Anna Magnani, John Wayne, Brigitte Bardot, nicht zuletzt Charlie Chaplin in The Knockout aus dem Jahr 1914.

Szenen faszinierend, fast zu kompakt und dem heutigen Kinofan meist wenig bekannt.

Ganz in der Tradition des Kinos als Kirmesveranstaltung, als Attraktion und Spektakel, inszeniert Tornatore das Publikum des Cinema Paradiso. Der Kinosaal tagein tagaus rappelvoll, jede Vorstellung ist ausverkauft. Alt und Jung, Männer wie Frauen, Arm und Reich, Gebildete und Analphabeten bilden ein treues und begeistertes Publikum. Meisterhaft–und man kann davon gar nicht genug kriegen –mit welchen Bildern Tornatore diesen sozialen Treffpunkt lebendig ausmalt, wahrlich ein gemeinsamer Erlebnisraum. Wie er beim Blick in den Kinosaal liebevoll ein buntes Spektrum an Gästen in ihrer Faszination von Kino und Film ausbreitet: Da erscheint einer, um mit lautem Getöse seine Freunde zu treffen; oder jener, der immer am selben Platz sein Nickerchen macht. Auch eine Mutter, ihren Säugling stillend, sitzt vergnügt in den Reihen. Da sind die Buben und Halbwüchsigen, die feixend und heimlich rauchend das Erwachsensein üben, und die Erwachsenen, die endlich wieder Kind sein dürfen.

Alle haben großen Gefallen an dem Spektakel, sowohl im Saal als auch an dem, was sie auf der Leinwand zu sehen bekommen. Es ist geradezu spürbar, dass für sie der Kinobesuch vermutlich der emotionale Höhepunkt ihrer Woche ist. Denn nicht nur die sozialen Aspekte wie Geselligkeit und Kommunikation sind dabei von zentraler Bedeutung. Die Erzählungen der Filme, die Berichte der Wochenschauen verschaffen Impulse, geben ihnen Anstöße, auch politische Horizonterweiterung. Das Kino ist für die Menschen in ihrer kleinen Welt – durch Normen und Traditionen eher begrenzt, festgefahren und beschränkt – so etwas wie das Fenster zur Welt, ein Stück weit idealisierende Gegenwelt, durchaus als Überlebensstrategie in ihrer dörflichen Enge und Armut.

Die großen Themen des Lebens

Auch wenn wir wenig über die vorgeführten Filme erfahren, so zeigt doch die Freude, ja Begeisterung des Publikums, wie begierig dieses die Filmgeschichten aufnimmt, denn sie erzählen – damals wie heute – von den großen Themen des Lebens: Liebe, Leidenschaft, Unrecht und Verbrechen, Hoffnung und Verzweiflung, Abschied und Neuanfang … Es ist eine Freude zu sehen, wie die Menschen in den fantastischen Welten mit den Protagonisten mitzittern, mitleiden, mit ihnen triumphieren oder ihren Untergang betrauern. Begierig scheinen sie die Themen der Erzählungen aufzusaugen, berühren sie doch ihre Ängste, ihren Ärger, ihre Sehnsüchte und Fantasien. Die Filmfiguren bieten ihnen Möglichkeiten zur Identifikation, geben Individuationsanstöße und regen Entwicklungsschritte an.

Dass das Publikum intensiv mit dem Geschehen auf der Leinwand kommuniziert, zeigt sich, wenn die Buben im Western die Indianer lautstark mit Kriegsgeheul begrüßen, oder wenn ein Zuschauer vehement protestiert, weil in einer Szene offensichtlich der erlösende Kuss fehlt. Oder wenn eine unheimliche Szene in *Dr. Jekyll und Mister Hyde* ganze Stuhlreihen unter die Sitze rutschen lässt. Besonders eindrücklich ist jene Sequenz mit einem Zuschauer, der den Dialog Wort für Wort mitspricht, zu Tränen gerührt und vor Rührung fast zerfließend. Truffaut hat solches mit den kurzen Worten treffend bezeichnet: „Ins Kino gegangen, gelacht, geweint, gezittert, mitgefiebert."

Der Psychoanalytiker C. Roesler hat, solcherlei Szenen betreffend, darauf hingewiesen, wie stark der Heldenmythos als Bauplan für Drehbücher verwendet wird. Insbesondere sei „anzunehmen, dass gerade solche Menschen von diesem Mythos angezogen sind, die noch damit befasst sind, ihre Ich-Stärke zu entwickeln und sich sowohl aus den persönlichen Bindungen der Kindheit als auch der unbewussten Bindung an kindliche Bedürfnisse zu lösen. Vermutlich sind das insbesondere junge Menschen." (*Das Abenteuer zum Ich*. In: Psychologie Heute 06/2021)

Das Ende einer Ära

Der Film *Cinema Paradiso* ist in erster Linie ein bezaubernder Ausflug in die Welt eines Dorfkinos. Weitet sich sein Blick über den Kinosaal hinaus, so zeigt Tornatore in heiteren Bildern seine sizilianische Heimat und seinen Geburtsort Baghera, den er als Drehort wählte. Wenn er die amüsant-witzige Geschichte jedoch mit den bitteren sozialen Gegebenheiten verknüpft, erzählt der Film ganz im Stil des sozialkritischen italienischen Neorealismus. Dann zeigt er das Leid und die bittere Armut, in der Toto mit seiner Mutter lebt. Er zeigt, wie der Bub vom wenigen Geld der Mutter sich die Münzen stibitzt, die er für den Kinobesuch braucht. Mit eindrücklichen Bildern führt er auch die Armseligen und Elenden des Ortes vor Augen, ausgegrenzt und von ihren Mitmenschen übel verhöhnt.

Die Darstellung dieser dörflichen Kinowelt findet ihren Höhepunkt und zugleich ihr Ende in jener tragischen Nacht, in der sich durch eine Unachtsamkeit das leicht entflammbare Filmmaterial entzündet und es zu einem verheerenden Brand kommt. Toto gelingt es zwar, Alfredo aus dem lichterloh brennenden Kino zu retten. Alfredo ist jedoch so schwer verletzt, dass er in der Folge erblindet – und das Kino ist bis auf die Grundfesten zerstört. Das Ende einer Ära könnte nicht deutlicher zum Ausdruck gebracht werden.

Jedoch, durch die Investition eines zu Geld gekommenen Filmliebhabers ist das Nuovo Cinema Paradiso bald wieder aufgebaut, und Toto wird selbstverständlich Alfredos Nachfolger. In diese Aufgabe arbeitet sich der Junge schnell ein, immer begleitet von den Ratschlägen des guten alten Freundes.

Mit dem Nuovo Cinema Paradiso ist eine neue Zeit angebrochen, die Moderne, eine Zeit des „Fortschritts". Die Zeit der Naivität scheint endgültig vorbei, und der Regisseur hat seine kindlich-romantische Brille abgesetzt und wirft in der Folge einen kritisch-realistischen Blick auf das Geschehen. Die Filme, jetzt meist in Farbe, werden freizügiger und werden ohne priesterliche Zensur gezeigt, auch die Sitten des Publikums werden lockerer, ja sie laufen Gefahr zu verrohen. Das Programmangebot wird ausgeweitet – sogar Open-Air-Vorstellungen gibt es – immer wieder kommt es zu organisatorischen Schwierigkeiten. Alles wird komplizierter und vielschichtiger. Der Regisseur lässt uns daran teilhaben, indem er nun verschiedene Handlungsstränge verfolgt und nicht nur den Blick auf den Kinosaal wirft, sondern nun auch die gesellschaftlichen Prozesse in den Fokus nimmt.

Der blinde Seher

Die Jahre vergehen. Salvatore, inzwischen ein junger Mann, ist im neuen Kino nicht nur ein zuverlässiger Filmvorführer, mehr noch versucht er – von Alfredo dazu ermuntert – eigene kleine Filme zu drehen. Auch verliebt er sich unsterblich, aber unglücklich in die Tochter des Bankdirektors, denn daraus kann nichts werden, die Klassenschranken verbieten eine solche Liebschaft.

Und so ist *Cinema Paradiso* über die – anfänglich nostalgisch verklärte – Hommage an die Welt des klassischen Kinos hinaus auch ein Film, der den Entwicklungsweg des Filmemachers Salvatore de Vito beschreibt, der die Geschichte seines Heranwachsens in häuslicher Kargheit erzählt, und was es für das Kind und den Jugendlichen bedeutet hat, durch das Kino und Alfredo geprägt worden zu sein. Denn ohne diese Erfahrungen wäre

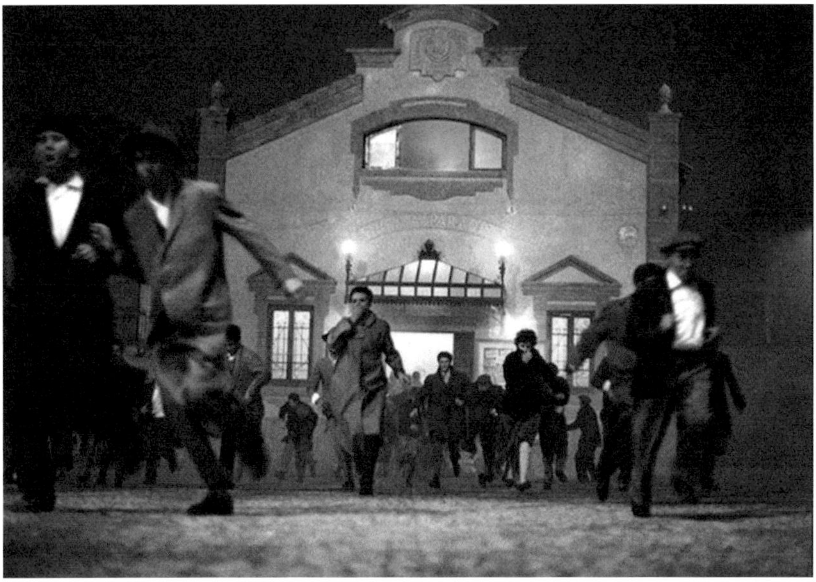

Der Kinobrand – Ende einer Ära

er nicht ein so erfolgreicher Regisseur geworden. Alfredo hat den Jungen als väterlicher Freund auf seinem Weg begleitet mit seinen Versuchen, ihm die Welt zu erklären – meist mit treffenden Filmzitaten. Auch hat er ihm zur Freude an der Filmkunst verholfen, ihm ihre Inspiration und lebensverändernde Kraft vermittelt.

Doch zunehmend übernimmt der Alte – geradezu als blinder Seher („Seit ich blind bin, sehe ich alles viel klarer") – die Rolle des Mahners. Immer deutlicher nimmt er an Toto wahr, dass dieser sich von seinen kleinen Erfolgen blenden lässt und Gefahr läuft, sich damit zufrieden zu geben. Auch weiß er um die geistige Enge seiner Heimat, und weil er ihre Perspektivlosigkeit ahnt, ermutigt, ja bedrängt er den jungen Mann, fortzugehen und sein Talent nicht in Giancaldo zu vergeuden. Am besten kehre er nie wieder zurück.

Nie wieder zurückkommen!

Ein befremdlicher, rätselhafter Rat? Nur auf den ersten Blick. Alfredo hat offenbar erkannt, dass Salvatore an einer idealisierten Erinnerung festhält, die das harte und karge Leben seiner Kindheit ergänzt, ja erträglich gemacht hat, dass dieses hartnäckige Festhalten am Bild vergangener Zeiten für ihn jetzt aber die Gefahr der Stagnation bedeutet. Alfredo weiß, dass es im nächsten Schritt bei seinem jungen Freund darum geht, loszulassen und autonom zu werden.

Indem Alfredo ihn warnt, sich nicht der Verklärung der Vergangenheit hinzugeben, warnt er auch das Publikum vor dem Sog der berauschenden Nostalgie und der illusionären Vorstellung, das Kino sei größer als das Leben selbst. Um es in den Worten von Alfredo zu sagen: „Das Leben ist kein Film. Das Leben ist viel komplizierter."

Ganz dem Wunsch Alfredos folgend, kehrt Salvatore erst zu dessen Beerdigung zurück. Nach dreißig Jahren. Nicht nur der kleine Toto ist herangewachsen, auch das Kino ist in die Jahre gekommen. Es steht leer, soll abgerissen werden, damit dort Parkplätze gebaut werden können. Beide haben ihren früheren Charme, ihre Unschuld verloren, sind von den Zeitläuften gezeichnet. Und als ob Tornatore dies auch visuell verdeutlichen wolle, taucht er diese letzten Bilder in ausgebleichte Gegenwartsszenen, die ganz im Kontrast stehen zu den gesättigten Farben der früheren.

Trotz aller Ironie, trotz des feinen Humors, die den Film über weite Strecken durchziehen, sind die schmerzhaften Momente deutlich zu spüren. Die damit verbundenen Emotionen werden von der wunderbaren Filmmusik des Meisters Ennio Morricone begleitet, die nicht nur den Zauber der Vergangenheit einfängt, sondern auch die dazugehörige Melancholie herbeiführt.

Und passend begleitet die Titelmelodie des Films die berührende Schlussszene, in der Salvotore de Vito mit Tränen in den Augen, in einem leeren Kinosaal sitzend, sein neues Werk betrachtet – die von Alfredo hinterlassenen und neu zusammengefügten Schnipsel der Erinnerung. Vielleicht kann nur so das Paradies, sein Paradies, betrauert und gerettet werden.

„8 1/2" – Aus Traumwelten geboren[2]

Ein Film von Federico Fellini, 1963

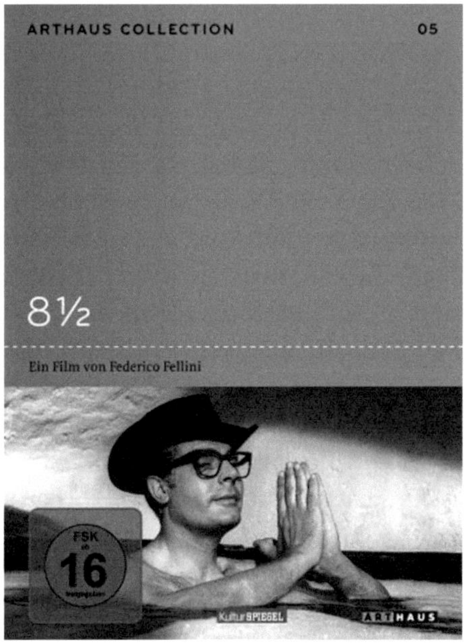

In Deutschland kommt es eher selten vor, dass sich bekannte Persönlichkeiten über ihre Psychoanalyse äußern. In Italien dagegen – so heißt es – gäbe es diesbezüglich weit weniger Scheu. So haben sich die Schriftsteller Natalia Ginzburg und Giorgio Manganelli voller Wertschätzung darüber ausgelassen. In den Fünfzigerjahren war es unter italienischen Kulturschaffenden durchaus üblich, sich über ihre Analytiker auszutauschen, dabei kursierten die verschiedensten Tipps und Empfehlungen. Ein Name, gewissermaßen ein Geheimtipp, taucht immer wieder auf: der des 1936 von Berlin nach Rom emigrierten deutschen Juden Ernst Bernhard, der bei C. G. Jung in Analyse war. Mitgebracht nach Italien hat er die Gedanken der Analytischen Psychologie, vor allem sein Wissen über den therapeutischen Effekt der Traumarbeit.

Auch Federico Fellini, der Anfang der Fünfziger eine Psychoanalyse angefangen, diese aber wegen ihrer Rigidität und ihres Schematismus bald abgebrochen hatte, war an derlei Adressen interessiert, denn trotz aller Erfolge war er immer wieder von Zweifeln und Einsamkeit heimgesucht. Auch steckte er trotz des Erfolges von *Das süße Leben* (1960) in einer schöpferischen Krise.

Und hier fängt eine Geschichte an, die sich lohnt, erzählt zu werden. Die Journalistin Regina Igel hat diese in einem Radiofeature 2009 (Deutschlandfunk) eindrucksvoll dargestellt. Es ist die wunderbare

Geschichte der Begegnung und Beziehung zweier Menschen, die zu kennen auch dem Verständnis von *8 ½* dienen kann.

Ein kleines Zettelchen

Fellini hatte die Gewohnheit, allerlei Zettel mit Notizen in seiner Jackentasche aufzubewahren. Eines Tages im Spätsommer 1960 zog er eines dieser Zettelchen heraus und entdeckte darauf eine Telefonnummer. In der Annahme, dieses habe ihm eine Verehrerin zugesteckt, wählte er die Nummer. Doch keine Frau war am anderen Ende. Vielmehr meldete sich eine ruhige, männliche Stimme mit deutschem Akzent: „Hier Professor Bernhard." Um seine Verlegenheit zu überspielen, beeilte sich Fellini, beim Psychoanalytiker Bernhard um einen Termin zu bitten, was er eigentlich gar nicht wollte. Kurze Zeit später öffnete ihm dieser die Tür zu seiner Praxis in der Via Gregoriana, gleich neben der Spanischen Treppe.

Fellini, so erinnert er sich später, fühlte sich sofort heimisch. Der Mann mit der Aura eines orientalischen Meisters gefiel ihm, auch die Räumlichkeiten, die für ihn voll Spiritualität waren. Alles rief in ihm ein Gefühl von tiefem Frieden hervor. Fellini sprach unzusammenhängend von seinen Filmen, seinen Träumen, über Wahrheit und Lüge. Bernhard hörte ihm zu, mit freundlichem Lächeln, voll liebevoller Ironie. Und Fellini fragte Bernhard, ob er wieder kommen dürfe. Einige Zeit war Fellini unsicher, ob er Bernhards Angebot annehmen solle. Dann jedoch entschloss er sich dazu, weniger, wie er meinte, aus neurotischer Not als aus Lust am Austausch mit diesem eindrucksvollen Mann. „Mir gefiel alles an ihm". Von da an sahen sie sich regelmäßig.

Bis zum Tode des Psychoanalytikers im Juni 1965 trafen sich der damals 40-jährige Filmemacher und der 63-jährige Therapeut fast fünf Jahre lang jede Woche. Oft berichtete der Regisseur von parapsychologischen Phänomenen und hätte diese dann am liebsten in einem magischen Licht betrachtet. Der Analytiker jedoch hörte ihm mit großem Interesse zu, um dann lächelnd zu sagen, über all das müssten sie von einem psychologischen Standpunkt aus nachdenken.

Dennoch, trotz solcher anfänglichen Enttäuschungen war Fellini bald davon überzeugt, in Bernhard die richtige Person gefunden zu haben, einen Meister, dessen er bedurfte, einen Freund. Biografen hat er später anvertraut, Bernhard sei für ihn zur wichtigsten Person seines Lebens geworden. Es entstand eine Beziehung aus Freundschaft und totalem Vertrauen, eine

Begegnung, ohne die Filme wie *8 ½* und später *Julia und die Geister* nicht hätten entstehen können.

Inneres Chaos

La Dolce Vita war nicht nur ein Erfolg, in dessen Glanz sich Fellini sonnen konnte, sondern auch ein Skandal. Die großen Erwartungen, aber auch die heftigen Proteste wegen der Frivolität des Filmes setzten dem Regisseur mehr zu, als es den Anschein hatte. Zwar hatte er neue Pläne, diese wurden jedoch heftig bedrängt von Ängsten und bedrohlichen Fantasien.

Dass er in dieser Zeit des Chaos und der schöpferischen Krise Bernhard begegnete, war für ihn ein Segen. Bernhard ermutigte ihn, den Blick nach innen zu richten, sich Seiten näher anzusehen, die er in seiner Persönlichkeit als besonders problematisch sah, denn sie könnten sich als die Lichtseiten erweisen. Er regte ihn an, seine Träume zu skizzieren und zu kommentieren, was dieser in der Folge über viele Jahre hinweg auch tat. (Im Jahr 2008 wurde sein fast 600 Seiten umfassendes Traumtagebuch veröffentlicht).

Die Arbeit mit Bernhard, der bei ihm auch die Begeisterung für die Psychologie Jungs und für seine Schriften weckte, bewirkten bei Fellini, dass die Bilder seines Seelenhintergrundes verstärkt und deutlicher nach vorne traten. Dadurch konnte er für sich die eminent wichtige Bedeutung des Unbewussten für das Schöpferische entdecken.

Bereits als Kind war Fellini von der Welt seiner Träume fasziniert. Er berichtet, am Abend habe er es kaum erwarten können, ins Bett zu gehen. Die vier Ecken seines Bettes habe er nach den vier Kinos in seiner Heimatstadt Rimini benannt. Die Vorstellung habe begonnen, sobald er die Augen schloss. Denn schon damals habe er gewusst, „dass es zwei Leben gibt, eines mit offenen Augen und eines mit geschlossenen.“ Doch darüber sprach er mit niemand, denn er befürchtete, man würde ihn für verrückt halten. Erst später in der Arbeit mit Bernhard, der ihm den dafür nötigen Raum gab, lernte Fellini seine Träume ernst zu nehmen.

Durch die psychoanalytischen Sitzungen nahmen Filme wie *8 ½* und *Julia und die Geister* in seinen Gedanken Form an, und es wurde ihm deutlich, dass er für die Traumsprache andere filmische Ausdrucksformen finden musste. „Die Idee war, das Innenleben der Protagonisten auf eine Weise zu behandeln, dass das Bewusstsein und das Unbewusste sich ausbreiten wie Rauchringe.“ Der Film wurde gewissermaßen zu einem Resoanzraum aller möglichen Träume.

Eine einfache Geschichte

Nach seinen ersten acht Filmen hatte Fellini, wie bereits erwähnt, alle Anerkennung erreicht, die sich ein Regisseur wünschen konnte (über Preise und Kritikerlob hinaus sogar die Exkommunikation für *La Dolce Vita*). Zwar hatte er eine neue Idee im Kopf, doch das geplante Projekt wollte nicht gelingen. Schon bei den Vorbereitungen blieb er stecken, schlimmer noch: In der entscheidenden Phase des Prozesses erlitt er eine Schreibblockade. Unfähig, das Vorhaben abzublasen, fand er schließlich eine Lösung: Er wollte seine Geschichte erzählen, die Geschichte eines Regisseurs, dem sein Filmprojekt entglitten ist.

Das Raffinierte an *8 ½* ist, dass man als Zuschauer einen „Film im Film" sieht, *8 ½* ist der Film, in dem *8 ½* entsteht. Er handelt zwar von der Schaffenskrise seines Regisseurs, ist aber das Werk, dessen Entstehung wir mitverfolgen können. Als Protagonist im Zentrum eines recht handlungsarmen Plots steht Guido Anselmi (Marcello Mastroianni als *Alter Ego* Fellinis), ein zutiefst verunsicherter Regisseur, der in einer schweren Krise steckt. Er weiß nicht, wie es mit seinem neuen Filmprojekt weitergehen soll. Seine größte Angst, trotz aller Erfolge als in Wahrheit untalentierter Künstler entlarvt zu werden: „Was, wenn alles nur eine Lügengeschichte war?" Eine Kur in einem italienischen Sanatorium bringt auch keine Ruhe in seine Planungen. Er wollte ihnen entkommen, aber alle sind sie wieder da: die Produzenten, die Schauspieler, seine Geliebte, seine Ehefrau (Anouk Aimee).

Derart bedrängt und unter Druck reflektiert Guido die an ihn gerichteten Ansprüche und Wünsche, setzt sich dabei auch mit seiner katholischen Erziehung auseinander, mit seiner Ehe und mit seinen Liebschaften. Erschöpft bricht der Regisseur das Filmprojekt endgültig ab, um dann aber – nach einem fantasierten Suizid während einer demütigenden gleichfalls irrealen Pressekonferenz – überraschend, gewissermaßen erlöst, doch noch Regie zu führen (*Stirb und werde*).

Mit einer imposanten, einträchtigen Massenszene schließt er mit einem optimistischen Finale den Film ab. Alle bisher aufgetretenen Figuren werden aufgeboten: die Eltern, seine Frau, die Geliebte und viele weitere Menschen, die in Guidos Leben eine Rolle gespielt haben. Animiert von Clowns und Zirkusleuten und in hochzeitliches Weiß gekleidet, tanzen sie einen Reigen, von einem Kind angeführt. Und Guido flüstert Luisa, seiner Frau, zu: „Das Leben ist ein Fest, lass es uns gemeinsam erleben."

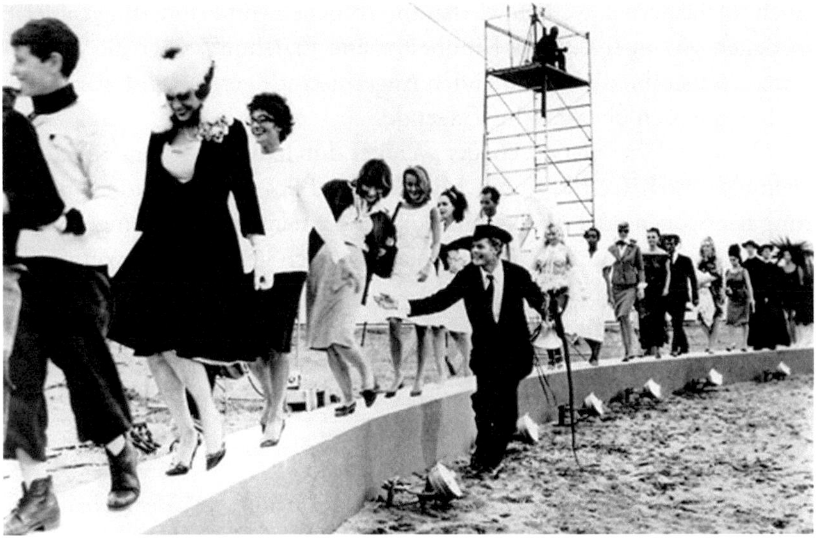

„Das Leben ist ein Fest …“

„La bella confusione“

Angesichts des sehr verdichteten Geschehens und der Mischung aus Realität und Fiktion kann dem Betrachter – ähnlich dem Protagonisten – ganz schön der Kopf schwirren. Er ist irritiert und verwirrt, denn oft kann er schwer unterscheiden, was objektive und was subjektive Realität ist. Denn Guidos Reflexionen, die Auseinandersetzung mit seinen inneren Themen, das Flüchten in Fantasien und Tagträume, das Auftauchen von Erinnerungs- und Traumbildern finden in der „offenen“ Komposition des Films, seiner „Konzeption des scheinbar Planlosen“ die entsprechende Darstellung. Nicht von ungefähr war der ursprüngliche Arbeitstitel *La bella confusione*. Gut zu erkennen, dass Fellini seinen Film im Grunde nicht „erfindet“, vielmehr „findet“ er die Themen und Einfälle in seinem Unbewussten und setzt sie in Bilder und Sprache um.

Das hat zur Folge, dass immer wieder, nahezu unbemerkt, die verschiedenen Ebenen verschwimmen. So wird zum Beispiel dem Zuschauer, – unvermittelt – durch einen Albtraum der aktuelle Seelenzustand des Protagonisten vor Augen geführt; es folgen, realitätsnah, Sequenzen mit Kureindrücken: Ärzte, Pfleger, Filmproduzenten, Schauspieler, Kurgäste; die Geliebte, die Ehefrau, elegante Frauen defilieren, ein Panoptikum der Eitelkeiten und Selbstinszenierung, angereichert mit skurrilem Snobismus.

Auch solche Szenen werden wieder unterbrochen von Erinnerungsbildern, in denen viel über Guidos Kindheit, seine Erziehung, über die Hintergründe seiner ihn überkommenden Angstzustände gezeigt wird, darin aber auch Sequenzen über das ihn Tragende.

All dies erfährt der Zuschauer weniger durch ausschweifende Dialoge, vielmehr durch Gestik, durch Mimik oder Blicke; ja selbst die Ausstattung der Szenen oder die Blickwinkel der Kameraeinstellungen geben beredt darüber Auskunft, scheinbar planlos, doch gerade darin von großer Meisterschaft und beeindruckender Leichtigkeit. Auch wenn man nicht die Vielzahl der symbolischen Bilder deuten kann oder will, wird offenbar, was Fellini meinte, wenn er betonte, er könne das Seelenleben seines Protagonisten auch anhand von Innenausstattungen schildern.

Ein Albtraum

Bereits in der Eröffnungssequenz des Films ist die immer wieder als bahnbrechend betonte visuelle Kraft des Films zu verfolgen: Unterlegt von dumpfen Paukenschlägen wird eine Person gezeigt, wir lernen sie später als die Hauptfigur Guido kennen, die sich inmitten eines schier endlosen Staus befindet. Kein Vorankommen, eingeschlossen im Auto, ohne Möglichkeit zu entkommen. Die Insassen der anderen Autos starren den Mann mit eingefrorenen Mienen an. Arme in weißen Hemden hängen aus einem Bus wie Leichen.

Plötzlich ist der Wagen mit weißem Rauch gefüllt. Versuche des Gefangenen, sich zu befreien, scheitern. Zeugen dieser dramatischen Situation sind die regungslos Glotzenden, Voyeure, die sich dem Überlebenskampf des Bedrohten hingeben. Niemand sagt etwas, es herrscht völlige Sprachlosigkeit. Dem Ersticken nahe gelingt es Guido, übers Autodach zu entkommen, er fliegt einfach davon. Nur kurz ist der befreiende Flug in schwindelnde Höhen, denn bald wird er laut Drehbuch wieder auf den Boden geholt. Aus seinem freien Fall erwacht Guido desorientiert und von Ärzten umgeben in seinem Bett im Kurort.

Dass es sich bei dieser Szene um einen Traum handelt, wird nicht erst im Moment von Guidos Erwachen deutlich: Verlangsamte Bewegungen, eingefrorene Gesichter, die aufgereihten Gehängten im Bus, alles ist von unheimlicher Wirklichkeitsferne, von immenser Bedrohlichkeit. Auch wenn der Zuschauer die objektive Filmrealität erst nach dieser Traumszene kennenlernt, ist unschwer zu sehen, dass in der Stauszene der Stillstand, die kreative Stagnation des Protagonisten ihren Ausdruck findet:

eine eindrückliche Darstellung des Ausgeliefertseins, der Gefühle des Bedroht- und Verfolgtseins, der eigenen Leblosigkeit; auch die „Beobachter", sowohl als äußere wie auch als innere Objekte, keine hilfreichen Figuren! Verworfen der Ansatz eines Lösungsvorschlags: Nicht abheben, sondern auf dem Boden bleiben, gibt der Traum warnend zu verstehen.

Beeindruckend, wie Fellini das Geschehen mit einer ausgefallenen und in der damaligen Zeit unüblichen Kameraführung pointiert. Während der gesamten Eingangsszene vermeidet die Kamera, Guidos Gesicht zu zeigen, und kann damit die Angst des Träumers vor „Gesichtsverlust" wunderbar unterstreichen. Auch ist die Kamera nicht an den Blick der Hauptfigur gebunden, aber dennoch subjektiviert. So wird z. B. Guidos Angst vor dem Ersticken mittels unruhig umherschweifender Kamerafahrten und Zitterschwenks eingefangen und seine verzweifelten Schläge gegen die Windschutzscheibe bringen den Bildausschnitt zum Beben.

Als beispielhaft kann diese erste Szene gelten, denn in ihr klingt in verschlüsselter Form bereits ein Großteil der Themen an, die in den unzähligen Episoden des Films lebendig werden, auch tauchen all die Figuren auf, die das innere und äußere Leben des Protagonisten bestimmen und die in den vielfältigen Traum- und Fantasieszenen dargestellt werden. Bereits hier ist die den Film prägende faszinierende optische Orientierung zu erkennen, Fellinis Art, im Bild festzuhalten, wie sich die Figuren inszenieren, mit welchen Blicken, mit welchen Bewegungen, ja Burlesken sie ihr Leben gestalten.

Interpretiert, gedeutet, bewiesen

Genug der interpretierenden Gedanken, obwohl es noch etliches zu sagen gäbe, viele Seiten könnte dies füllen. Und es wurde viel gesagt: Vermutlich wurde über kaum einen anderen Film so viel geschrieben wie über *8 ½*. Über Guidos weitere Träume, seine Fantasien, die Tagträume, über die schillernden Frauenfiguren ... Es wurde vermutet, gedeutet, bewiesen, Traumseminare zum Film wurden abgehalten. Da wurde gerätselt, ob in dem Werk „Burn-out" zum Ausdruck kommt oder ob eher die Angst vor dem Älterwerden beschrieben wird, auch des Regisseurs schwierige Beziehung zu Frauen, seine wahrscheinlich ödipale Problematik wurden analysiert oder auch, welchem Genre das Ganze zuzurechnen sei.

All diese Gedanken mögen ihre Berechtigung haben. Dennoch: Der Versuch, den Film in der Fülle seiner Episoden, der Vielfalt der angeschnittenen Themen, der überwältigenden Kraft seiner Bilder und der oft ironischen Erzählweise zu entwirren, muss beim Zuschauen zu einem schwindelerregenden Unterfangen werden.

Wie aber sich nähern? Vielleicht geht es dem Betrachter ähnlich wie Guido, der lang verwirrt und konfus durch das Geschehen in seiner narzisstischen Unverbundenheit und der beziehungslosen Geschwätzigkeit irrt. Als aber die vom Regisseur ursprünglich als Diva engagierte Schauspielerin Claudia (bezaubernd Claudia Cardinale) die Szene betritt, gibt es in Guido eine Veränderung.

Zwar hat er für sie in seinem Film jetzt keine Rolle mehr, doch bald beginnt er, in ihr eine „Traumfrau" zu sehen und in sie eine Animafigur zu projizieren. Immer wieder taucht diese geheimnisvolle junge Frau in seinen Träumen auf, zuerst versorgend, nährend, ihn annehmend. Sie ist es, von der Quelle kommend, die ihn anstößt, sich auf die Suche zu machen, das Abenteuer zu wagen, sich seinen Traumfetzen zu nähern. Sie hilft ihm, sich aus seinen traumatischen Kindheitserlebnissen zu befreien und aus dem destruktiven Mutter- und Frauenkomplex herauszufinden. Sie gibt ihm Mut und Zuversicht, sich in die Dunkelheit seiner männlichen Seele zu begeben und sich mit den Facetten seiner Frauenbilder und dem aufwühlenden Durcheinander auseinanderzusetzen.

Dank der eros- und beziehungsstiftenden Funktion dieser Animagestalt vermag Guido allmählich, die zuvor isolierten, oft bedrohlichen Figuren und Erinnerungsfetzen anzuschauen. Treffend die Bemerkung einer Protagonistin: „Du hast uns alle herbeizitiert, weil du ohne uns nicht wirklich leben kannst." Und Guidos Erkenntnis? „Diese Verwirrung bin ich selbst ...!"

Fellini spielte mit dem Gedanken, sein Werk *AsaNIsiMAsa* zu nennen. Dieses Silbenspiel, komponiert aus der kindlichen Marotte, sich eine Geheimsprache zu erschaffen und zweimal im Film in Erscheinung tretend, verdeutlicht Fellinis Ahnung um die Bedeutung der Begegnung Guidos mit dieser Anima. Um es mit Guidos Worten zu sagen: „Ich bin wie ich bin, aber nicht wie ich sein möchte. Aber ich habe keine Angst mehr, die Wahrheit zu sagen über das, was ich nicht weiß, was ich noch suche, was ich noch nicht gefunden habe. Nur so kann ich leben." Wenn sich in der grandiosen optimistisch burlesken Schlussszene die einst unverbundenen, abgespaltenen und beziehungslosen Figuren im gemeinsamen Tanz die Hände reichen, mag der Zuschauer vielleicht den Wunsch verspüren, sich mit Guido einzureihen in diesen Reigen des Lebens.

„Wilde Erdbeeren“ – „Smultronställer“[3]

Ein Film von Ingmar Bergman, 1957

Unser ganzes Leben mit unseren Mitmenschen ist doch eigentlich nur, dass wir über sie reden, bestenfalls regt man sich über sie auf. Auf dieses Miteinander-Leben habe ich gern und freiwillig verzichtet. Mein Leben ist Arbeit gewesen. Mit der Sorge um das tägliche Brot hat es angefangen. Mit der Liebe zur Wissenschaft ist es weiter gegangen ... Ich sollte vielleicht noch sagen, dass ich sehr pedantisch bin ... Ich heiße Eberhard Isak Borg und bin 78. Morgen werde ich in der Lunder Kirche zum „Doktor Jubilaris'“ promovieren.

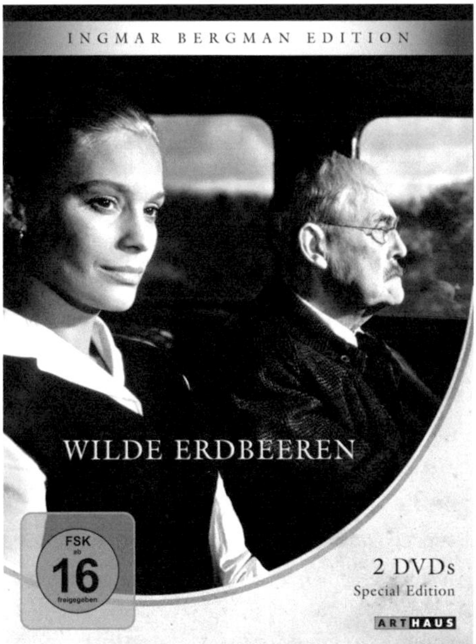

Mit diesen Worten, mit ruhiger Stimme gesprochen, stellt sich Isak Borg, Professor und Doktor der Medizin, vor (herausragend der große schwedische Theater- und Stummfilmregisseur Victor Sjöström). Wir sehen den alten Mann, eine Zigarre rauchend, am Schreibtisch seines Studierzimmers sitzen, umgeben von Familienfotos – sein Sohn, auch er Arzt, und dessen Ehefrau, Borgs uralte Mutter und seine schon lang verstorbene Frau. Butzenscheiben schmücken die Fenster, die Einrichtung stilvoll kultiviert, Bücherregale an den Wänden. Der sympathische Alte scheint mit sich im Reinen zu sein – voll innerer Ruhe und Selbstsicherheit,

Ein erster Eindruck von Isak Borg – seine Worte geradezu ein Statement. Erstaunlich, dass erst nach diesem Eingangsbild Titel und Vorspann des Films erscheinen. Wilde Erdbeeren gibt den Originaltitel nur unvollkommen wieder. Der schwedische Titel ist Smultronstället, ein versteckter Ort, an dem die kleinen und seltenen Erdbeeren wachsen, ein geheimnisvoller, kostbarer Platz. Es heißt, wer sie findet, koste vom Leben.

Vielleicht möchte der Regisseur Ingmar Bergmann nach der ersten Bekanntschaft mit dem Protagonisten durch diese Unterbrechung dem Zuschauer Zeit für einen kurzen Moment des Stutzens geben. Ein Mann, tatsächlich mit sich im Reinen?

Ein lebender Toter

In der Nacht vor seiner Ehrung hat Borg einen seltsamen Albtraum, den er mit seiner Stimme aus dem Off unterstreicht. Er sieht, wie er durch einen ihm unbekannten Stadtteil von Stockholm irrt. „Ich bin allein und habe die Orientierung verloren." Verschiedene Uhren sind zu sehen, aber alle sind ohne Zeiger, was Isak verwirrt und mit Angst erfüllt. Das gleißend helle Licht, grell und unbarmherzig, sowie die harten Schwarz-weiß-Kontraste des Bildes unterstreichen die Surrealität der Szene und betonen den Eindruck, dass Isak Borg sich in einem zeitlosen Nirgendwo befindet. Eine vorüberfahrende lenkerlose Pferdekutsche stößt gegen einen Laternenpfahl. Ihre Ladung, ein Sarg, gibt den Blick auf einen Toten frei. Als Isak hinschaut, erkennt er mit Schrecken sein Ebenbild. Und eine Hand dieser Person greift nach ihm. Ist sie tot oder noch am Leben? Ein lebender Toter?

Vom Traum irritiert und verstört, entschließt sich Borg spontan, am nächsten Morgen nicht wie geplant mit dem Flugzeug, sondern mit dem Auto in den Süden des Landes zu reisen und Halt bei einigen Stationen seiner Vergangenheit zu machen. Begleitet wird er von seiner Schwiegertochter Marianne (Ingrid Thulin), die nach einer Ehekrise für kurze Zeit bei ihm untergekommen ist.

Schwedisches Road Movie

Bergmanns Protagonist macht sich auf die Reise, er wählt den Weg auf der Straße. Die Straße – „La Strada" – als Metapher des Lebens gilt auch als Gegenwelt zu den Vorstellungen bürgerlichen Alltags. Man könnte den Film durchaus auch als Road Movie umschreiben, denn ähnlich den Filmen dieses Genres kommt auch hier – vor allem innerpsychisch – etwas in Bewegung. Dabei sticht weniger das Motiv der Flucht hervor als jenes des Heraustretens aus der Enge der vorgegebenen Bahnen in die Weite, nicht

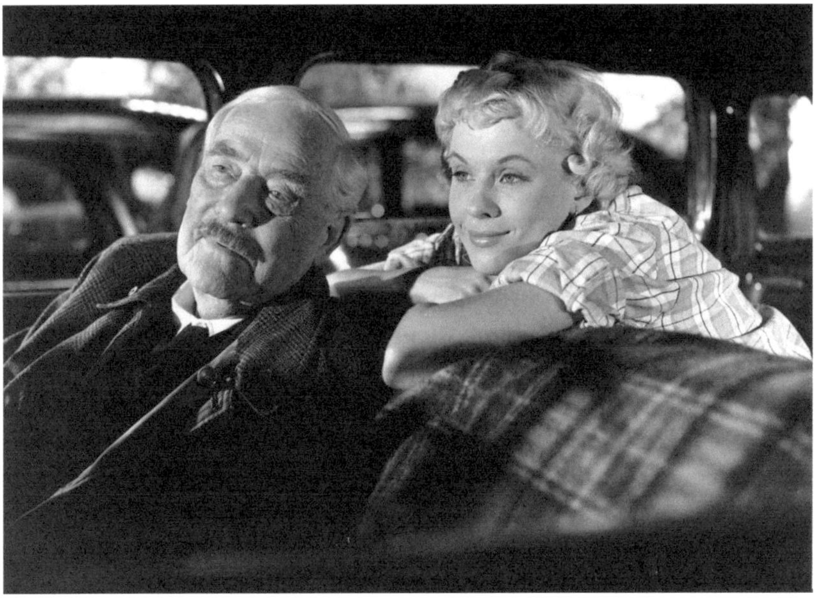

Sara (Bibi Anderson) – Animafigur für Isak Borg (Victor Sjöström)

die Freiheit ist das Ziel, sondern eine Veränderung. Und so wird dieses Unterwegssein, angestoßen durch einen Traum, für Borg auf den letzten Metern seines Lebens zu einer Reise in seine Vergangenheit, zu den Orten seiner Kindheit und Jugend, zu seinen Hoffnungen und Enttäuschungen. Sie wird zu einer Suche des alten Mannes nach seinem Leben, nach dem, was ihm und anderen an ihm entgangen ist – eine Reise, aus der er verändert hervorgeht.

Zwar schildert Bergmann die Reise als eine Abfolge von Stationen, dabei werden jedoch die äußeren Ereignisse, die Erinnerungsbilder, die Träume und Visionen zu einer fast homogenen und kaum voneinander unterscheidbaren Fahrt in Borgs Vergangenheit.

Ein rücksichtsloser Egoist

Gleich zu Beginn der gemeinsamen Autofahrt, als das Gespräch auf Mariannes Ehe kommt, attackiert diese ihren Schwiegervater mit deutlichen Worten. Seine freundliche Höflichkeit sei nur Fassade, hinter der Gleichgültigkeit und Kälte steckten. Wie sein Sohn sei auch er ein rücksichtsloser Egoist, den die Probleme und Sorgen seiner Mitmenschen nicht berührten. Solcherlei Vorhaltungen scheinen an Isak Borg abzuprallen, kein Zurückweisen, keine Rechtfertigung, keine ärgerliche Reaktion. Er bleibt auch jetzt freundlich und höflich. Der Zuschauer fragt sich: Zeigt er nur vordergründiges Verständnis, ist es herablassende Distanziertheit oder tatsächlich emotionale Gleichgültigkeit?

Eine erste Rast machen die beiden bei einem verlassenen Landhaus, in dem Isak mit seiner großen Familie viele Sommer seiner Jugend verbracht hat. An dieser ersten Station der Reise beginnt Isaks Eintauchen in seine Erinnerungswelten. Von Bergmann virtuos in Szene gesetzt, indem Reales sich mit Bildern der Erinnerung, mit Tagträumen vermischt, indem Bewusstes mit Unbewusstem in Berührung kommt, wird Borg Erinnerungsarbeit möglich. Während Marianne im nahe gelegenen See schwimmen geht, legt sich Isak ins Gras, an der Erdbeerenstelle – Smultonstrället – jenem geheimnisvollen Platz, wo kostbare Früchte wachsen. Just an diesem Ort überlässt er sich seinen Träumen.

Eingestimmt durch Musik und ruhige Bilder von sanft wippenden Baumwipfeln sieht man Borg in seinen Tagtraum versinken. Eine Überblende führt vom Haus der Gegenwart zu jenem aus der Vergangenheit in eine heitere und lichtdurchflutete Szenerie. Isak sieht seine Geschwister, seine Cousinen, den Onkel, die Tante. Sie lachen, necken sich. Es herrscht ausgelassene Urlaubsstimmung. Da ist auch Sara (Bibi Anderson), seine große Jugendliebe, strahlend jung, und Isak beobachtet, wie ihr sein Bruder Sigfrid den Hof macht (und sie heiratet, wie Isak später erzählt), obwohl sie sich doch ihm versprochen hatte.

Der Beobachter

Im Traum ist Isak als Traum-Ich nicht zu sehen. Er ist vom Geschehen ausgeschlossen, ist allenfalls, wie als Träumender, ein Beobachter, der unsichtbare Zeuge dieser längst vergangenen Szenerie. Es scheint, als habe er sich schon früh mit einer dicken Schutzmauer abgeschirmt („Borg“ heißt auf deutsch „Burg“), und bis ins hohe Alter ist es ihm gelungen, mit Hilfe der Position des Beobachters alles unter Kontrolle zu halten, was das System stören oder aus dem Gleichgewicht bringen könnte: Sie ermöglichte ihm zwar seine wissenschaftliche Forschung, hat aber seine Beziehung zu seinen Mitmenschen bestimmt, vor allem hat er mit dieser Haltung seine Gefühle abgespalten.

In der Nacht aber oder in seinen Träumen, wenn die Beobachter die Burg weniger aufmerksam bewachen, nützen ungebetene Eindringlinge diese

Schwachstelle, um die Burg vorübergehend zu erobern. Anfangs gelingt es Borg noch, sein bisheriges Gleichgewicht zu behalten. Als jedoch die ungebetenen und ungewohnten Störenfriede keine Ruhe mehr geben, wird sein Leidensdruck so groß, dass er beschließt, der Sache nachzugehen – als ob er um die Wichtigkeit der Irritationen, dieser Botschaften aus dem Unbewussten „wüsste".

Und dazu muss er aus seinem gewohnten System ausbrechen. Statt seiner Haushälterin Agda, mit der er seit Jahrzehnten ein in Zwängen eingespieltes Team bildet, nimmt er seine Schwiegertochter auf seine Fahrt mit. Sie wird ihm zur Begleiterin auf seinem Weg und übernimmt dabei gewissermaßen eine therapeutische Funktion. Sie ist es, die ihm die Realität eröffnet und ihm Dinge sagt, die er nicht gerne hört. Als er ihr seinen Albtraum der vergangenen Nacht erzählen will, weist sie ihn barsch zurück: „Wen interessieren schon deine Träume!" – „Seelische Qualen zählen für mich nicht, also belästige mich nicht", habe er zu ihr gesagt, als sie zu ihm kam und auf Hilfe hoffte. Damit konfrontiert sie ihn mit der unempathischen Seite seiner narzisstischen Ichbezogenheit. Und die Kamera, die das Gespräch bislang nur von der Seite aufgenommen hat, zeigt Isak zum ersten Mal von vorne, als wolle sie seine Betroffenheit deutlich vor Augen führen.

Von den schweren Vorwürfen getroffen, brechen bei Isak Emotionen durch, scheint seine Schutzmauer brüchiger zu werden. Das Geschehen an der Erdbeerstelle aus der Rückschau kommentierend, fragt sich Isak: „Wie war das möglich? Ich wurde sentimental." Wir erfahren wenig, welche Gefühle die Traumbilder in Isak wachgerufen haben. Sehnsuchtsvolle Erinnerung an die Süße vergangener Jugend? Enttäuschung und Trauer, so wenig am lebendigen Geschehen teilgenommen zu haben? Sein Kommentar am Ende dieser Szene: „Trauer überzog die Bilder mit einem Schleier."

Ein Filmischer Blick nach innen

Eine andere Sara unterbricht Borgs Träume (ebenfalls gespielt von Bibi Anderson), auch sie hübsch, blond und sehr lebhaft. Sie bittet ihn, auf ihrem Weg nach Italien sie und ihre beiden Begleiter Anders (Folke Sundquist), der Pfarrer werden will, und den Medizinstudenten Viktor (Börn Bjelfvenstern) mitzunehmen.

Das äußere Geschehen mutet nun an wie ein filmischer Blick nach innen. Es wird deutlich, wie stark die Figuren und Fantasien der Gegenwart mit der Vergangenheit verwoben sind. Traumhaftes und Realität fließen zusammen und spiegeln sich. Beide sind nicht mehr voneinander zu trennen.

Die Dreiecksbeziehung zwischen den jungen Trampern erinnert Isak daran, wie er seine Sara damals an seinen Bruder verlor. Zugleich stehen die aktuelle Sara und ihre Begleiter für die Jugend, die Streitbarkeit, die Freundschaft und die Lebendigkeit, für den Anfang einer Beziehung, in der noch alles möglich ist und die nur so vor Lebensfreude sprüht. Sie stehen für die erwachten Sehnsüchte des alten Mannes, der auf Versäumtes trauernd zurückblickt.

Mit Sara in ihrer überschäumenden Vitalität tritt eine Animafigur ins Geschehen, die der Belebung Isaks dient, die beim Aufbrechen der „Burg" hilfreich ist, ihm auch hilft, zu den tieferen Schichten seines verloren gegangenen Selbst zu finden.

Die überraschenden Mitreisenden, die wie Geister seines Lebens wirken, konfrontieren ihn mit den Schatten seines Lebens und leiten einen Prozess der Veränderung ein. Unschwer zu erkennen, dass die beiden jungen Männer, die permanent debattieren, als innere verdrängte Anteile des Alten verstanden werden können. Anders, der Theologiestudent, und Viktor, der zynische Realist, streiten heftigst um die Richtigkeit von Glauben und Wissen.

Im Laufe seines Lebens scheint Borg, ganz Wissenschaftler, die Auseinandersetzung mit existenziellen Grundproblemen vermieden zu haben. Jetzt freut er sich am heftigen Widerstreit der jungen Männer, einem Ringen, das bei ihm auf der Strecke geblieben ist. Zunehmend genießt Isak die Fahrt mit ihnen. Durch sie belebt, öffnet er sich, begegnet jetzt seiner Vergangenheit nicht nur als passiver Beobachter, sondern auch aktiv erzählend.

Kontrastierende Episoden

Für den Betrachter ist kaum noch auszumachen, was Realität und was Fantasie ist, dies wird auch zunehmend unwichtig. Dass das filmische Geschehen, nachfolgend in oft kontrastierenden Szenen gezeigt wird, betont die Brisanz und die Dynamik des inneren Prozesses, Borgs inzwischen erwachende Sehnsucht nach Beziehung und seine Angst vor Zurückweisung und Verwundung.

Diese oft schlaglichtartig aufleuchtenden Episoden setzen sowohl den Protagonisten als auch den Zuschauer einem Wechselbad der Gefühle aus und zeigen in ihrer Dynamik, dass diese Borg nun emotional zugänglicher werden.

Da sieht man die Reisegruppe bei einem stimmungsvollen Mittagessen am See, erlebt wie die Jungen ein Lied anstimmen und Isak angerührt mit einem Gedicht fortfährt: „Wo ist der Freund, den überall ich suche?" – und spätestens hier hat der Zuschauer den Alten ins Herz geschlossen.

Abrupt aber folgt auf diese Heiterkeit ein Unfall – eine Kollision mit dem Auto eines Ehepaars, das sich erbittert streitet und mit gnadenloser Schärfe verletzt. Dieser Zwischenfall weckt in Borg schockartig schmerzhafte Erinnerungen an die unglückliche Ehe mit seiner schon lang verstorbenen Frau Kathrin und wie diese ihn als kaltherzig bezeichnete.

Dass es in seinem Leben auch einmal anders gewesen ist, dass er für andere wichtig war, erlebt er in dem Ort, in dem er früher als Kreisarzt tätig war. Der Tankstellenbesitzer, der ihm seinen Wagen auftankt, ist höchst erfreut, ihn zu sehen und voll des Lobes über seine Menschlichkeit. Er will ihm sogar die Rechnung für den Treibstoff erlassen. Borg ist gleichermaßen irritiert und gerührt von dieser Geste. „Vielleicht hätte ich nie von hier weggehen sollen?", meint er beim Abschied.

Demgegenüber begegnen wir der Lieblosigkeit und Härte, der Kälte, in der Isak aufgewachsen ist, als er und Marianne seiner uralten Mutter einen kurzen Besuch abstatten. Marianne, seine Begleiterin, auch sie wie Sara Liebe, Wärme und Leben repräsentierend, findet nach dem Besuch klare Worte: „Nie ist mir so viel Kälte begegnet."

Dieser Besuch lässt uns den alten Mann in einem neuen Licht erscheinen. Wir erfahren etwas über die prägende und traumatisierende Atmosphäre seiner Kindheit, über die Genese seiner Schwierigkeiten. Die fehlende emotionale Spiegelung durch diese harte und eisig-kalte Mutter legte den Grundstein für seine narzisstische Unbezogenheit und seine verarmte Empathie. Anders als die verhärtete alte Frau, die beim Hervorkramen alter Dinge abfällig bemerkt: „Ist doch bloß alter Plunder", schätzt Isak aber inzwischen die Erinnerung an Vergangenes – ein weiterer Schritt bei seiner Metamorphose.

Einsamkeit

In der dritten Traumsequenz, enorm verdichtet, treten viele der im Laufe der Reise Borg begegneten Personen auf. Diese Szenen bringen Isaks Leben und sein Leiden gewissermaßen auf den Punkt. Eine surreale Sequenz in gespenstischer Kulisse: Sarah, seine Jugendliebe, hält ihm einen Spiegel vor, damit er selbst erkennt, welch ein alter und ängstlicher Mann er geworden ist. „Du erträgst die Wahrheit nicht." – „Obwohl du so viel weißt, weißt du nichts."

Der Traum entwickelt sich zu einer Prüfung und ähnelt zunehmend einem Gerichtsverfahren. Obwohl nur seine fachliche Kompetenz geprüft wird, versagt Borg in allen Teilen der Prüfung. Beim Mikroskopieren kann er nichts sehen, einen Text an der Tafel kann er nicht lesen, und er stellt eine völlig falsche Diagnose. Vor allem aber weiß er nicht, was die erste Pflicht des Mediziners ist. „Um Verzeihung zu bitten", belehrt ihn der Prüfer. Er wird verurteilt wegen Selbstsucht, Gefühlskälte, Selbstgefälligkeit.

Zum Schluss des Traumes will Borg wissen, was denn seine Strafe sei. „Das Übliche", antwortet der Prüfer: „Einsamkeit." Dass Isak nun die Botschaft seiner Träume „verstanden" hat, wird dadurch deutlich, dass er zu Marianne, die Träume reflektierend, sagt: „Es ist, als wenn ich mir etwas sagen wollte, was ich nicht höre, wenn ich wach bin." – „Und was ist das?" – „Dass ich ein Toter bin, obwohl ich lebe."

Blickt man zurück auf die einzelnen Träume, Fantasien und Erinnerungen fällt auf, dass diese sich entlang seines Erkenntnisprozesses, seiner Aussöhnung mit der Vergangenheit, letztlich seines Individuationsweges, wandeln. Anfangs nur passiver Beobachter, wird sein Part in den Träumen zunehmend aktiv, je mehr er sich auf die Botschaft des Unbewussten einlässt.

Im Laufe des Geschehens ist Isak schmerzhaft bewusst geworden, dass sein scheinbar so erfolgreiches Leben, seine Freundlichkeit und Höflichkeit nur Fassade ist, hinter der emotionale Leere steht. Voller Schuld, Trauer und Bedauern erkennt er, dass Menschen, die ihm nahestehen, an seiner Seite emotional verkümmern. Sara konnte sich rechtzeitig abwenden, seine Frau Kathrin ist daran zugrunde gegangen, und sein Sohn konnte diese Gleichgültigkeit nur ertragen, indem er die Gefühlskälte seines Vaters kopierte.

Ein Prozess der Versöhnung

Wie tief die Träume der zurückliegenden Reise Borg berührt haben, zeigt sich während der Jubiläumsfeierlichkeit. Mitten im Festakt meldet sich Isaks Stimme aus dem Off: „Ich ertappte mich dabei, dass meine Gedanken während der Zeremonie um die Ereignisse des Tages kreisten. Ich beschloss, alles in meiner Erinnerung zu behalten und die Geschehnisse aufzuschreiben. Immer mehr wurde mir klar, dass zwischen diesen verwirrenden Vorkommnissen eine merkwürdige Kausalität bestehen musste."

Indem Isak, angestoßen durch die Impulse aus dem Unbewussten, schmerzhaft erkennt, wie er zu dem geworden ist, der er ist, beginnt der Prozess der Versöhnung mit sich und den anderen. Er ist nicht mehr gefangen im Zerstrittensein der inneren Figuren. Aussöhnung ist möglich. Die innere Wandlung lässt ihn weicher, empathischer, bezogener werden. Fast wie eine letzte Chance.

Anders als bei seinen späteren Werken, in denen sein Blick meist düsterer und oft bitterer war, plädiert Bergman hier noch für ein Glück der Offenheit für die Welt, für Begegnung und die Fähigkeit zur Veränderung. Für Isak haben sich die Prioritäten verändert. Jetzt kann er Begegnung suchen, sich auf Beziehungen einlassen. Und so kann der Film – geradezu märchenhaft – versöhnlich enden: Am Ende des Tages sucht Isak – zwar noch unbeholfen und scheu – die Aussprache mit seinem Sohn, zeigt sich ihm gegenüber interessiert und großzügig, und zu seiner Freude erfährt er, dass dieser und Marianne wieder zueinander finden. Für seine Schwiegertochter, die er als Begleiterin schätzen gelernt hat, findet er warme Worte der Zuneigung und des Dankes. Zu guter Letzt wagt er sogar, seine alte, treu dienende, knorrige Haushälterin Agda um Verzeihung für seine Unfreundlichkeit zu bitten. Schließlich legt Isak sich schlafen, um träumend zum idyllischen Sommerhaus zurückzukehren. Er soll seine Eltern suchen, und er findet sie – friedlich am Ufer sitzend und ihm zuwinkend. Ein letztes Bild der Versöhnung.

Und so endet der Film mit einem eindrucksvollen Schlussbild: Das leichte Lächeln auf dem Gesicht eines alten Mannes – friedlich, anscheinend mit sich im Reinen.

„Fitzcarraldo“ oder: Ein Eroberer des Nutzlosen[4]

Ein Film von Werner Herzog, 1982

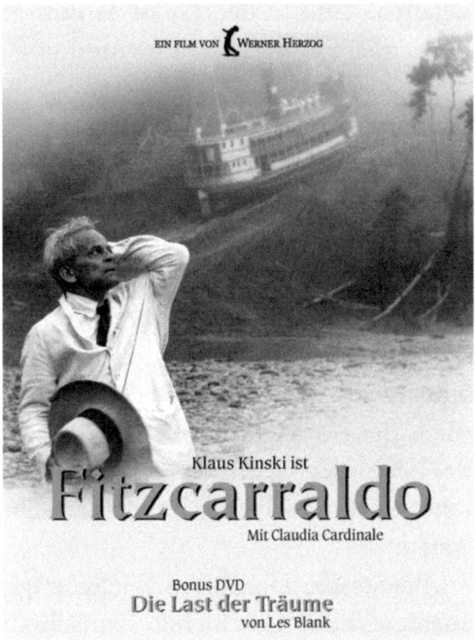

Werner Herzog gehört zu jenen Regisseuren, die ihre Filme mit einer ungeheuren Energie und einem durch nichts zu erschütternden Enthusiasmus verwirklichten. Herzog war geradezu von der Vorstellung besessen, dem Kino eine Erneuerung geben zu können, frei von technischen Tricks, fern der fabrikmäßigen Herstellung des Unwirklichen, fern seiner Entzauberung. Herzog, der in seinen Filmen das Abenteuerliche und Geheimnisvolle liebt, blickt dabei in die Abgründe der Seele, und die Geschichten, die er erzählt, haben einen magischen Gestus. Besonders faszinieren ihn besessene Helden, bizarre Figuren und Situationen, die er vor allem in seinen späten Filmen in exotischer Umgebung überwältigend schön filmt.

Kompromisslos versuchte Herzog seine Stoffe – und seien sie noch so fiktional – in authentischer Umgebung zu drehen. Wann immer möglich arbeitete er an Originalschauplätzen, sodass er sich und die jeweilige Crew mehr als einmal in Lebensgefahr brachte. Das hieß: Wenn Herzog einen Film drehte, waren die Dreharbeiten meist so abenteuerlich wie der Film selber.

1972 schuf Herzog mit „*Aguirre, der Zorn Gottes*“ einen Film, der die nach Gold gierende Expedition spanischer Konquistadoren in die Urwälder Amazoniens zeigt, ein Epos um Größenwahn und Irrsinn, in welchem der monströse Anführer (Klaus Kinsky) – getrieben von dem Wunsch nach Reichtum und Macht – keine Grenzen kennt, sodass ein Höllentrip durch den Dschungel beginnt. Als Höllentrip bezeichnet wurden auch die Dreharbeiten selbst, weil Herzog auch hier darauf bestand, unter schwierigsten Bedingungen im Dschungel zu arbeiten. Es ist, als habe er die Vision gehabt, einen monumentalen Klassiker des Kinos zu schaffen. Und in der Tat ist es ihm gelungen, bei allen Schwächen und Längen, ein farbenprächtiges und bild gewaltiges Werk zu schaffen.

Sein ambitionierteste Filmprojekt

Als ob er dieses Bemühen noch übertreffen wolle, hat sich Herzog – ebenfalls im Amazonasdschungel – an ein noch größeres Vorhaben gewagt. 1979 begannen in Peru die Vorbereitungen zu „*Fitzcarraldo*", Herzogs bis dahin ambitioniertestem und aufwändigstem Filmprojekt, einem Werk, welches „die intensivsten Bemühungen und größten Anstrengungen hervorbrachte", wie Herzog in einer späteren Dokumentation über seine schwierige Zusammenarbeit und Freundschaft mit Klaus Kinsky betont. Auch die Aufzeichnungen Herzogs in seinem Filmtagebuch „Eroberung des Nutzlosen" legen dar, wie chaotisch, nervenaufreibend und kräftezehrend die Dreharbeiten im peruanischen Dschungel von 1979 bis 1981 waren.

Bereits die Unzahl von Schwierigkeiten im Vorfeld sind eine eigene abenteuerliche Geschichte. Zunächst wollte die 20th Century Fox den Film produzieren, nahm jedoch bald davon Abstand, da der „On-Location-Fan" Herzog darauf bestand, dass die aberwitzigste Szene des Films – in der ein 32 t schweres Flussschiff über einen Berg gezogen werden sollte – unter realen Bedingungen gedreht wird, während die Produktionsfirma Herzog aus Sicherheitsgründen angeboten hatte, dies im Studio zu drehen und mittels Spezialeffekten ein Modellschiff über einen Papphügel zu ziehen. Herzog lehnte ein solches Ansinnen ab und stand mit seinem großen Projekt ohne Produzenten da.

Als schließlich die Finanzierung des Vorhabens gesichert war, Herzog zusammen mit seinem Bruder auch als Produzent fungierte und die Dreharbeiten begonnen hatten, kam es bald zu heftigen Attacken der Presse. Diese warf Herzog Menschenrechtsverletzungen gegenüber den indianischen Arbeitern und Statisten vor. Einer Überprüfung durch Amnesty International hielten diese Anschuldigungen jedoch nicht stand.

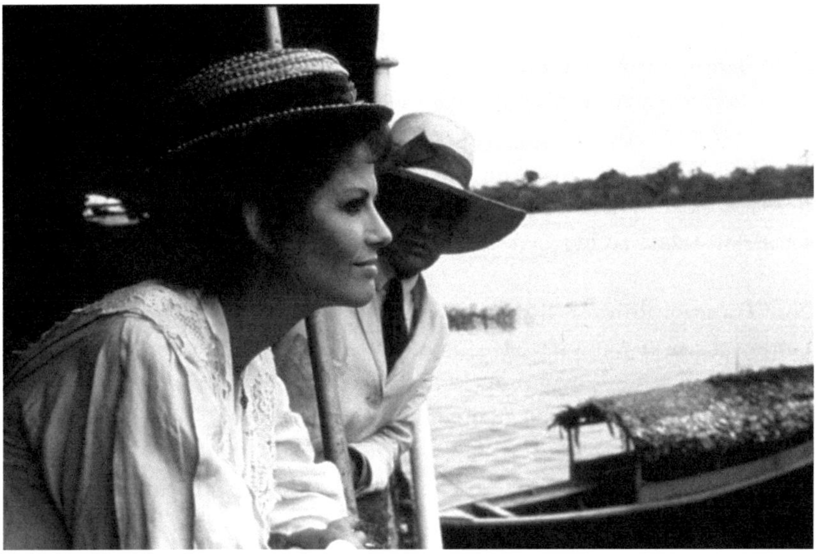

Molly (Claudia Cardinale) und Fitzcarraldo (Klaus Kinski): In die Oper nach Manaus

Damit nicht genug: Die Dreharbeiten begannen im Herbst 1979, mussten jedoch im Dezember 1980 abgebrochen werden, weil der bisherige Hauptdarsteller Jason Robards schwer erkrankte (ursprünglich hatte sich Herzog Jack Nicholson dafür gewünscht, der aber nicht bereit war, bei einem derartigen Projekt mitzuwirken). Eine wichtige Nebenrolle, welche für Mick Jagger geplant war, musste gestrichen werden, da dieser überraschend mit den Rolling Stones auf eine Europa-Tournee aufbrechen musste.

Herzog sah sich gezwungen, den ganzen Film umzustrukturieren und konnte schließlich Klaus Kinsky, mit dem er zuvor schon „*Aguirre, der Zorn Gottes*“, „*Nosferatu – Das Phantom der Nacht*“ und „*Woyzeck*“ gedreht hatte, als Hauptdarsteller gewinnen.

Wie gesagt war die Beziehung der beiden Filmschaffenden von besonderer Art. Sie verband eine ausgeprägte Hassliebe, die Herzog 1999 in seinem Film „*Mein liebster Feind – Klaus Kinsky*“ thematisierte. Neben den schwierigen Produktionsbedingungen im Urwald erschwerten die täglichen Tobsuchtsanfälle Kinskys die Arbeit. Meist entzündeten sie sich an Nichtigkeiten, dennoch waren sie enorm belastend und irritierten die Indio-Statisten so stark, dass diese Herzog eines Tages vorschlugen, den

Wüterich kurzerhand umzubringen, was dieser natürlich ablehnte. Einmal nach dem Grund ihrer Zusammenarbeit gefragt, antwortete Kinsky: „Because he's crazy. And so I am. That's why…" Und Herzog ergänzte: "It's a perfect combination of the mad people, and the mad man."

Mario Adorf, der ursprünglich den Dampfschiff-Kapitän spielen sollte und ebenfalls während der Dreharbeiten ausstieg, sagte später: „Er nennt seine Art, Filme zu machen, realistisch. Ich nenne sie Wahnsinn."

Nur Träumer können Berge versetzen

Und Wahnsinn war Herzogs ganzes Projekt. Der Regisseur, in dem sich, wie er sagte, „eine Vision festgekrallt" hatte, eine wahnwitzige Vision, von der er sich von nichts und niemandem abbringen ließ, dazu ein reichlich verrückter Schauspieler. Ein Film von Besessenen über einen Besessenen. Es war der Wahnsinn, die Verrücktheit jenes Mannes, der in einer verrotteten Amazonas Stadt eine Oper bauen will.

Iquitos in Peru um 1900. Die Zeit des Kautschuk-Booms im Amazonas-Gebiet. Die Kautschukbarone hatten es durch ihr Monopol zu enormem Wohlstand gebracht. In ihrem unermeßlichem Reichtum ließen sie ein prächtiges Opernhaus in der Dschungelstadt Manaus in Brasilien erbauen. Es heißt, in ihrer Verschwendungssucht hätten sie ihre Hemden nach Lissabon verschiffen lassen, nur um sie dort waschen und stärken zu lassen. Auch waren ihre Häuser mit Marmor aus Florenz und Kacheln aus Delft geschmückt. Einer unter ihnen, ein bislang geschäftlich allerdings wenig erfolgreicher Glücksritter, der exzentrische Ire Brian Sweeney Fitzgerald, genannt Fitzcarraldo, ist mit dem Versuch, eine Eisenbahnstrecke durch den Urwald zu errichten, grandios gescheitert und sein aktuelles Projekt, die Produktion von Eis, bringt nicht den erhofften Erfolg. Geld könnte er brauchen, viel Geld. Denn er hat einen Traum: Er möchte in Iquitos inmitten des Urwaldes ein Opernhaus nach dem Vorbild des Teatro Amazonas in Manaus erbauen, in welchem sein von ihm über alles geliebter Tenor Enrico Caruso zur Premiere auftreten soll. Diese Leidenschaft stellt Inspiration und Motivation für all seine Unternehmungen dar.

Schon die Eingangsbilder des Films führen diesen besessenen Phantasten eindrücklich vor Augen: Fitzcarraldo (Klaus Kinsky) und seine Geliebte, die Bordell-Besitzerin Molly (Claudia Cardinale) kommen nach einer Bootsfahrt von zwei Tagen und zwei Nächten nach Manaus – sie erschöpft, er euphorisiert , nur um in der Oper Caruso singen zu hören.

Bereits diese Szenen deuten die Machart des ganzen Films an. Während die Dreharbeiten äußerst chaotisch verliefen und von wilder Atmosphäre geprägt waren, wird Fitzcarraldos Geschichte ruhig, mit leichter Hand erzählt. Allenfalls kurz blitzt zu Beginn das Dämonisch-Besessene auf, als Fitzcarraldo einen Kirchturm besteigt und über den Ort schreit: „Ich will meine Oper! Ich will meine Oper!“ Klar, diese Figur ist bizarr und befremdlich – immer in einen weißen Kolonialanzug gekleidet, mit wirr abstehenden hellblonden Haaren. Dennoch scheint er – durch die Sanftheit Mollys „gezähmt“? – authentisch.

Hohn und Spott der etablierten und erfolgreichen Kautschukbarone lässt er gelassen über sich ergehen, als er versucht, sie für seine Opern-Pläne zu erwärmen: Um zu Reichtum zu kommen, hat er die Idee, ein bislang unerschlossenes riesiges Kautschukgebiet in großem Stil auszubeuten. Aber das Gebiet ist so unzugänglich, dass sich bisher keiner dorthin gewagt hat. Weil unüberwindliche Stromschnellen den Weg versperren, plant er, diese auf dem Landweg zu umgehen, wozu allerdings ein Dampfschiff über einen Berg gezogen werden muss, was er mit riesigen Seilwinden und der Muskelkraft der dort ansässigen Indianer bewältigen will. Mit leuchtenden Augen schließt er seine Ausführung, indem er den Gästen entgegen schleudert: „So wahr ich hier stehe, ich werde eines Tages Große Oper nach Iquitos bringen. Ich bin die Überkraft und die Überzahl. Ich bin die letzte Schlacht. Ich bin das Schauspiel im Wald.“ Und der Gastgeber prostet ihm zu: „Auf Fitzcarraldo, den Eroberer des Nutzlosen!“ Doch mit Mollys Unterstützung und ihrem Geld hat er alsbald ein Dampfschiff für sein Abenteuer zur Verfügung, denn sie ist davon überzeugt, dass nur Träumer Berge versetzen können.

Große Oper im Urwald

Herzog hat seinen Film als „Stilisierung eines großen Opernereignisses“ bezeichnet. Er, der Visionär, sieht eine innige Verwandtschaft zwischen Musiktheater und Dschungel, „in der ungeheuerlichen Übersteigerung, in der Maßlosigkeit an Gefühlen.“ Er wollte „Große Oper in den Urwald“ bringen. Und tatsächlich ist da vieles, was an Oper erinnert. Auch hier besteht das Personal aus einem Helden, es geht um eine große Idee, um Gelingen oder Scheitern, es gibt Götter und Halbgötter. Fitzcarraldo liebt nicht nur die Oper, er selbst ist eine Opernfigur. Wenn man sieht, wie er und das Geschehen in Szene gesetzt werden, hat das etwas von „Großer Oper“.

Auch liebt Herzog die große Kulisse. Er nimmt sich Zeit, um deren epische und vor allem optische Wucht zu entfalten, indem er lange und ruhige Einstellungen wählt. Er vertraut auf die Macht der Bilder, Bilder von meditativer Kraft, über die letztlich die ganze Geschichte erzählt wird. Wenn sich Fitzcarraldo mit seiner „Crew" – im wesentlichen einem halbblinden Kapitän, einem misstrauischen Maschinisten, einem immer betrunkenen Koch – auf seine Reise ins Ungewisse macht, wenn das Schiff den Fluss hinauffährt, rechts und links nur der unheimliche Dschungel, der Regenwald in all seinen Farben und Schattierungen, zeigen sich Bilder von seltener Schönheit und großer Suggestivität.

Und der Film setzt auf die Kraft der Musik, denn dies alles wird unterstrichen durch die getragenen, perfekt eingesetzten Klänge der Gruppe Popohl Vuh, die in Verbindung mit den majestätischen Bildern ein bewusst provoziertes Pathos schaffen. Wenn die unheimliche Stille der Flussfahrt plötzlich durch Buschtrommeln durchbrochen wird, wenn sich die Mannschaft angstvoll an Deck versammelt und zu spüren ist, dass Unheil droht, dann klettert Fitzcarraldo aufs Dach, kurbelt an seinem Trichter-Grammophon und es erklingt kratzend und zitternd eine Caruso-Arie. Und siehe, der große Tenor behauptet sich gegen den kriegerischen Trommelklang. Es wird still im Busch, die Gefahr scheint gebannt. In dieser Szene, zwar skurril und grotesk verfremdet, wird eine Zielrichtung des Filmes besonders deutlich: Herzog lässt Kultur und Natur aufeinandertreffen, Oper als Ausdruck hoch entwickelter Kultur im unberechenbaren, wilden Dschungel, ganz entsprechend Fitzcarraldos großspuriger Ankündigung, er sei „das Schauspiel im Wald". Aber es stellt sich die Frage, wie sich diese Begegnung entwickeln, bzw. ob die Kultur die Oberhand behalten wird.

Verschiedene Träume

Zur Überraschung aller ist es gelungen, die sich nähernden Indios friedfertig zu stimmen. Scheu, mit Neugierde und Verwunderung begegnen sie dem Schiff und dem weiß gewandeten Fremdling. Ja, sie sind sogar bereit, Fitzcarraldo bei seiner Unternehmung zu unterstützen. Mit geradezu übermenschlichen Kräften gelingt es, das Schiff über den Berg zu ziehen und es scheint, als wäre dem großen Vorhaben Erfolg beschieden. Doch die Indios haben andere Träume als Fitzcarraldo. In der Nacht kappen sie die Taue, denn sie haben das Schiff nur über den Berg gebracht, um „das

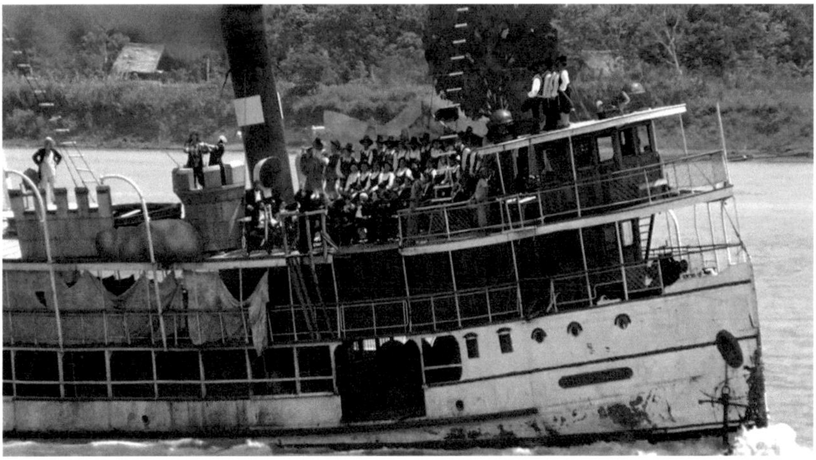

Das Schiffsdeck wird zum Opernhaus

göttliche weiße Gefährt“ auf der anderen Seite durch die Stromschnellen treiben zu lassen. Nur dann kann es einer Prophezeiung entsprechend gelingen, die Geister des Flusses zu besänftigen und der Gegend, auf der ein Fluch lastet, Erlösung zu bringen. Ihr Vorhaben bedeutet für Fitzcarraldo aber, ohne Erfolg wieder zu seinem Ausgangspunkt zurückzukehren; so nah am großen Triumph, ist jetzt das Unternehmen gescheitert, der große Traum geplatzt.

Offensichtlich, dass damit ein Wendepunkt im Geschehen erreicht ist. Die Kamera hält neue Eindrücke fest, fängt andere Stimmungen ein. Fassungslos steht Fitzcarraldo mit seiner Mannschaft an Bord. Sie sehen, wie ihr vor Tagen so stolz unter Dampf fahrendes Schiff herrenlos in den Stromschnellen treibt, hilflos und manövrierunfähig wie eine Nussschale gegen die Felsen geschleudert wird, währenddessen das Grammophon die erschütternde Melodie des Sextetts „Chi mi frena in tal momento“ („Wer vermag den Zorn zu hemmen“) aus Donizettis Lucia di Lammermoor spielt, sodann der leise beschwörende Gesang der Indios und schließlich wieder alles übertönend und dominierend die Geräusche des Dschungels.

Szenen, die geradezu ein Abgesang sind auf Fitzcarraldos größenwahnsinnige Idee, seinen Zwang, heldenhaft die Vision in die Tat umzusetzen, dass die Kultur die Natur besiegen kann.

Heiterer Wahnsinn

Schwer beschädigt und mit Schlagseite dümpelt das Schiff zum Heimathafen zurück. Niedergeschlagen erscheint Fitzcarraldo dem Zuschauer nun nicht mehr als der inflationierte, obsessive Phantast, vielmehr steht da ein gestrauchelter Held in menschlicher Größe.

Die Dreharbeiten durften für Herzog niemals scheitern („Sonst gehe ich in den Urwald und keiner wird mich finden"), der Film dagegen macht das Scheitern geradezu zu seiner großen Idee. Es ist das Scheitern zum richtigen Zeitpunkt, auf dem Gipfel des Erfolgs. Erst dadurch kann der Prozess der Wandlung und Fitzcarraldos Geschichte ein gutes Ende nehmen. Der Held erkennt, wie nah Erfolg und Scheitern beieinander liegen, begreift am Ende, dass Erfolg nicht zählt. Es scheint, als habe er zu Demut gefunden, nicht gedemütigt, denn bei aller Ratlosigkeit hat er seinen Stolz bewahrt, und auch von seinem Traum, Oper in den Dschungel zu bringen, hat er nicht Abschied genommen. Frei von Verbissenheit und dem Zwang zur Tat kann aus seiner Vision heiterer Wahnsinn werden. Aber wie es scheint, muss man zuvor versuchen, Berge zu versetzen.

Nach dem notgedrungenen Verkauf seines Schiffes an den früheren Besitzer nutzt Fitzcarraldo den Erlös, um sich seinen Traum doch noch zu erfüllen. Ihm, dem Erfolglosen, ist es gelungen, eine Opernkompanie, die gerade in Manaus weilt, nach Iquitos zu holen. Wahrlich ein „Eroberer des Nutzlosen". Für nur eine einzige Aufführung macht er das Schiffsdeck zu seinem Opernhaus. Während die Sänger auf dem ramponierten Schiff vor den Pappkulissen die Arie „A te, o cara" aus Puccinis „I Puritani" über den Amazonas schmettern, dabei vorüberfahren an Molly und ihren Mädchen, vorbei an Indios, an nackten Kindern, während alles jubelt und die schwarzbefrackten Violinisten mit ihren Bögen über den Horizont des Urwalds fahren, steht Fitzcarraldo auf dem Oberdeck, zufrieden an einen rotplüschigen Theatersessel gelehnt, und raucht schmunzelnd eine riesige Zigarre – ein ebenso verrücktes, groteskes wie wunderbares Schlussbild.

„Don Juan DeMarco“ – Ein Spiel um Eros und Fantasie[5]

Ein Film von Jeremy Leven, 1995

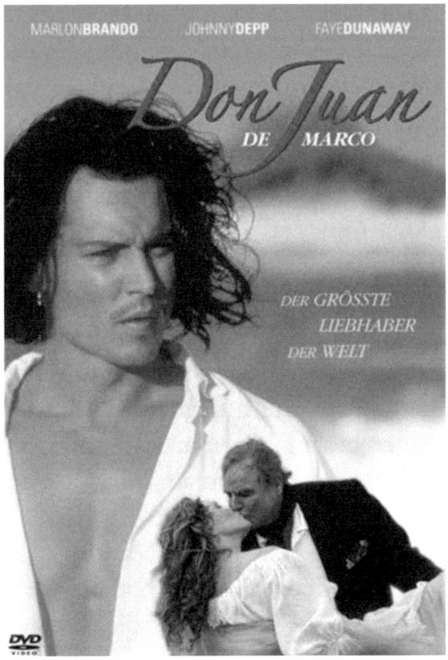

Seit seinem Erscheinen hat dieser Film bei Kritikern ein unterschiedliches Echo gefunden. Vom zurückhaltenden Urteil wie „Eine eher kleine Filmromanze“ bis zum überschwänglichen Lob „Der Kultfilm für hoffnungslose Romantiker“ finden sich die unterschiedlichsten Meinungen. Zugegeben, in einer Anthologie der hundert besten Filme ist dieser Streifen nicht zu finden. Jedoch fast einhellig stimmen die Kritiker darin überein, dass dem Drehbuchautor und Psychotherapeuten Jeremy Leven in seinem Regiedebut ein Besetzungscoup gelungen ist, indem er mit Johnny Depp in der Rolle des Don Juan de Marco und mit Marlon Brando als dessen Gegenpart in der Rolle des Polizeipsychiaters Dr. Mickler ein Loblied auf Eros, Spiel, Kreativität und Fantasie singen lässt.

Warum aber der Hinweis auf den Film? Warum seine Vorstellung hier? Ein Film aus der Feder und unter der Regie eines Psychotherapeuten kann neugierig machen. Neugierig, ob bzw. wie, über die große Spielkunst der Darsteller hinaus, der Regisseur im Film Erfahrungen, Gedanken und Motive aus seiner ursprünglichen Profession anklingen lässt. Gerade solche Momente sind es, die dem Film Reiz und Wert geben: wie darin die Frage von Wahrheit und Fiktion umkreist wird, durchaus erinnernd an einen therapeutischen Prozess. Es ist erfrischend zu verfolgen, wie die raumschaffenden und energiestiftenden Möglichkeiten von Spiel und Kreativität gezeigt werden, wie Spielraum entsteht und wie eben dieser Auswege und Neubeginn ermöglicht.

„Ich habe mehr als 1000 Frauen geliebt.
Letzten Dienstag wurde ich 21."

„Mein Name ist Don Juan de Marco. ... Ich bin der größte Liebhaber der Welt. Ich habe mehr als 1000 Frauen geliebt. Letzten Dienstag wurde ich 21!" Mit diesem Paukenschlag stellt sich ein gut aussehender junger Mann, gekleidet in ein schwarzes Cape und das Gesicht hinter einer Zorromaske verborgen, dem Zuschauer vor. Nun jedoch wolle er aus Liebesschmerz sterben. Er könne keinen Sinn mehr in seinem Leben sehen, weil Dona Anna, seine einzige wahre Liebe, ihn zurückgewiesen habe. Deshalb steht er eines Abends auf einem Hausdach und will sich in die Tiefe stürzen. Das ist der Moment, in dem Dr. Mickler auf den Plan tritt. Er, ein alternder und routinierter, auch etwas ausgebrannter Polizeipsychiater, der kurz vor seiner Pensionierung steht, hat die Aufgabe übernommen, den Selbstmordkandidaten vom Hochhaus zu holen. Und es gelingt ihm, den Liebeskranken vom Sturz abzubringen, indem er sich auf dessen Spiel einlässt und sich ihm als Don Octavio del Flores vorstellt. Ein therapeutischer Trick? Oder bereits ein frühes Angestecktwerden vom Zauber der Geschichte dieses jungen Mannes?

Eingewiesen in die psychiatrische Klinik, ist der junge Mann für die meisten Ärzte ein Fall für die geschlossene Abteilung, zu behandeln mit hoch dosierten Medikamenten. Nicht so für Dr. Mickler, der die Behandlung gegen den Vorbehalt seiner Kollegen übernimmt. Bald schon hat Don Juan das Klinikpersonal in seinen Bann gezogen. Dr. Mickler versucht zwar, dem jungen Mann mit der gebotenen Distanz zu begegnen, doch bald ist zu erkennen, dass auch er von ihm enorm beeindruckt ist. Er hat nicht nur den Ehrgeiz, eine dauerhafte psychiatrische Unterbringung zu vermeiden, sondern entwickelt auch großes Interesse, die Geschichte zu erfahren, die dieser junge Mann zu erzählen hat, und was sich hinter Maske und Verkleidung versteckt.

Eine fantastische Geschichte Fiktion oder Wahrheit?

„Darf ich Ihnen meine Geschichte erzählen?" Mit dieser Frage eröffnet Don Juan gewissermaßen die therapeutische Partie, ähnlich einem Schach-

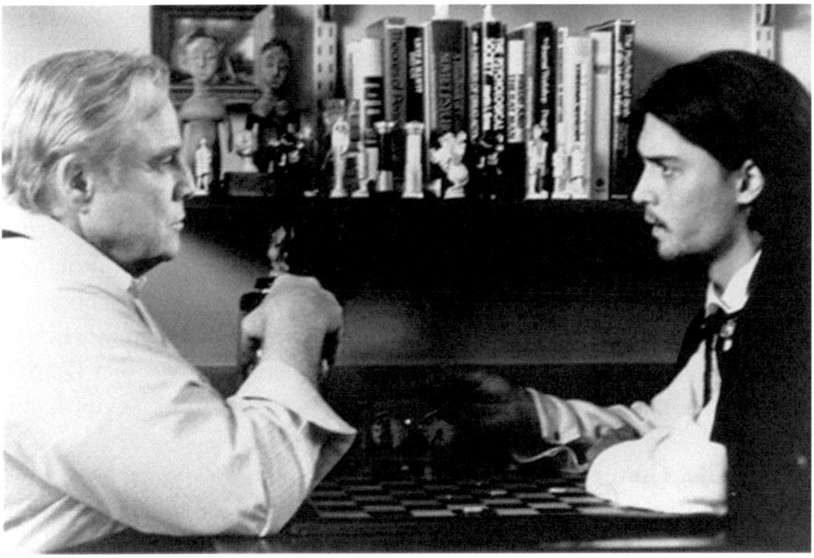

Dr. Mickler (Marlon Brando) und Don Juan de Marco (Jonny Depp).
Eine therapeutische Partie mit zwei Siegern

spiel. In langen Gesprächen berichtet der junge Mann, mit spanischem Akzent sprechend, von seiner Odyssee durch die Welt. Seine Erzählungen, ein wahrer Story-Parcour, sind durch üppige Rückblenden aufgelockert und zauberhaft untermalt: Da werden wir nach „Mächiko" entführt in Don Juans Kindheit und Jugend, man ist dabei, wie er seine erste Liebe erlebt, und erfährt etwas von der Anziehungskraft des Jungen und seiner verwirrenden Wirkung auf Frauen. Natürlich glaubt der Arzt nicht jedes Wort von Don Juans abenteuerlicher Lebens- und Liebesgeschichte, dennoch scheint er zunehmend fasziniert von der Botschaft des jungen Mannes: der „romantischen Liebe" – der Leben spendenden Kraft des Eros. Beeindruckend zu sehen, wie der Arzt fast begierig die fantastischen Erzählungen aufnimmt, dabei durchaus nicht frei von einer Spur Voyeurismus. Je länger je mehr hat man den Eindruck, als ob er darauf geradezu gewartet hätte.

„Möglicherweise eine hysterische Persönlichkeit"

Trotz seines Interesses an Don Juans Geschichte(n) und ihrer heimlichen Faszination für ihn, versucht der Arzt, ganz Realist, ihnen mithilfe seines therapeutischen Rüstzeugs sachlich und nüchtern zu begegnen.

Es ist ja nur wenig, was er bislang „wirklich" von seinem Patienten weiß: Da ist ein junger Mann, der sich verstiegen hat in die Vorstellung, Don Juan zu sein, man weiß, dass er als solcher die Frauen verzaubert und dass er sterben will. Noch wissen wir nichts davon, was ihn dazu gebracht hat. Auch ist unschwer zu erkennen, dass der junge Mann in einer Traumwelt lebt, geplagt von romantischen Vorstellungen, deren Irrealität offensichtlich ist, sodass man als Zuschauer bald geneigt ist, diese Geschichte unter dem Gesichtspunkt des Pathologischen zu betrachten, und man ist versucht, dem Patienten „Leiden an Wahnvorstellungen", eine „obsessive zwanghafte Geistesstörung mit erotomanischen Zügen" oder „möglicherweise eine hysterische Persönlichkeit" zu diagnostizieren, wie dies Dr. Mickler nach einer Sitzung etwas verwirrt und ratlos zu Protokoll gibt.

„Ganz allein in meiner Welt können sie Atem holen"

Nach den Regeln seiner Kunst versucht der Arzt, seinen jungen Patienten mit der Realität in Bezug zu bringen, wobei die Dramaturgie des Filmes gekonnt spielt mit Szenen, in denen dessen sachlich nüchterne „Wirklichkeit" mit den sehnsuchtsvollen, oft geradezu überdrehten Fantasiebildern des Patienten kontrastiert. Als dieser wieder einmal partout darauf besteht, es mit Don Octavio del Flores zu tun zu haben und in dessen Villa zu sein, wird er vom Arzt gefragt: „Was würden Sie dazu sagen, wenn wir hier in einer psychiatrischen Klinik wären, Sie wären der Patient und ich wäre Ihr behandelnder Psychiater?" „Ich hielte dies für eine unkreative und eingeschränkte Betrachtungsweise der Situation." Eine umwerfende Antwort!

Oder in einem anderen Dialog, zu einem späteren Zeitpunkt, als der Arzt, noch ganz im Bann der Fantasiewelt des Patienten, diesen – und vermutlich auch sich selbst – auf den Boden der Realität zurückbringen möchte und ihn deshalb mit einigen Details seiner Biografie konfrontiert: „Sie werden verstehen, dass ich die Wahrheit wissen muss!" Die Erwiderung, komplexgetroffen wütend, aber so, als ob Don Juan sein Gegenüber aufmerksam wahrnehmen und intuitiv spüren würde, was dem alten Mann fehlt: „Sie brauchen mich für eine Transfusion, weil Ihnen das Blut in den Adern vertrocknet und das Herz versandet! Ganz allein in meiner Welt können Sie Atem holen!" Und der Arzt, leise, nachdenklich und betroffen: „Ja Sie haben recht, meine Welt ist nicht vollkommen."

Zug um Zug – der Spielraum weitet sich

Ähnlich dem Schachspiel – im Behandlungszimmer steht tatsächlich eines – geht es Zug um Zug. Wirklichkeit trifft Fantasie und umgekehrt. Dieses Spiel ist nicht rivalisierend, vielmehr kommt darin ein permanenter Austausch und Abgleich in Gang. Und ganz allmählich weitet sich im Rahmen des therapeutischen Geschehens der Spielraum, es ist, als ob die „Spieler" zunehmend mehr von ihren inneren Figuren lebendig werden und in der Partie mitwirken lassen können.

Dass Don Juan de Marco für den alten Mann eine herausfordernde Figur ist, die ihn dazu zwingt, sein eigenes Leben einer Prüfung zu unterziehen, ist offensichtlich. Dass er aber mit seinen Fragen und Bemerkungen auch den Zuschauer zu solchem verlockt, macht den besonderen Reiz dieses Filmes aus. Denn immer wieder stellt Don Juan dem Therapeuten Fragen, bei denen auch der Zuschauer sich aufgefordert fühlt, sie mit Ja oder Nein zu beantworten – und oft hat er das Gefühl, an einer wichtigen, wenn nicht gar wunden Stelle getroffen worden zu sein.

Eine Partie mit zwei Siegern

Gibt es einen Sieger, einen Verlierer, endet die Partie remis? Weder das eine, noch das andere, auch nicht das dritte. Vielmehr wird ein gemeinsamer Sieg errungen – mit zwei Siegern. Die Frische des Jungen trifft auf die Starre des Alten, was in gewisser Weise an die Puer–Senex–Dynamik erinnert, hier nicht wie so oft negativ–destruktiv, vielmehr sich gegenseitig befruchtend und aufbauend.

Wenn wir zunächst einen Blick auf Dr. Mickler werfen, dessen Leben zunehmend ins Bild gerückt wird, so werden wir Zeuge plötzlicher leiser Veränderungen und bemerken Spuren wachsender Lebendigkeit. Verkrustungen scheinen sich zu lösen: Er, der bislang Opern so gar nicht leiden konnte, lauscht zur Verwunderung seiner Frau Melodien aus „Don Giovanni". Wir sehen, wie Erinnerungen aufsteigen, wie er Vergessenes auffrischt, wie er einen beinahe jugendlichen Charme entwickelt und wie seine Liebe zu Marilyn, seiner Frau (gespielt von Faye Dunaway), neu entflammt. Beseelt vom Eros trauert er aber auch um Verloren-Gegangenes. „Was ist aus dem himmlischen Feuer geworden, das uns früher unseren Weg beleuchtet hat?", fragt er. Oder „Ich möchte gern wissen, was für Hoffnungen und Träume du hattest, ehe sie uns unterwegs verloren gingen."

Derart animiert gewinnt er trotz seiner enormen Körperfülle geradezu Leichtigkeit, es ist, als ob ihm Flügel wüchsen.

Und der Erfolg der therapeutischen Bemühungen?
Je mehr der eine, seiner anstehenden Lebensaufgabe entsprechend, Inspiration und „himmlisches Feuer" sucht, desto mehr zeigen sich bei Don Juan Tendenzen „geerdet" zu sein und Boden unter die Füße zu bekommen. Denn in der Begegnung mit Dr. Mickler hat er den Versuch wagen können, von seinen in der Not rettenden Größenfantasien Abstand zu gewinnen. Obwohl an einer anderen Stelle des Lebens stehend, bleibt auch ihm Trauer nicht erspart angesichts erlittener Not und Einsamkeit. Nun scheint ihm aber so viel Selbstwert zugewachsen zu sein, dass er sich der Realität zuwenden kann. Und so – man kann es vermuten – bereitet es ihm keine Schwierigkeiten, dem Richter, der darüber zu entscheiden hat, ob der junge Mann aus der Klinik entlassen werden kann, seine Geschichte realistisch und glaubhaft zu erzählen – und dies, zur allgemeinen Überraschung, in seinem wahren Slang.

„Es kommt natürlich nicht in Frage, dass wir ihn wegen seiner Fantasien einweisen" verkündet der Richter seinen Beschluss, ähnlich einem Spielleiter, der resümierend die Partie abschließt. Damit könnte die Geschichte beendet sein – aber wäre sie damit abgerundet? Glücklich strahlend, als ob die Worte des Richters an ihn gerichtet wären, wird Dr. Mickler ins Bild gesetzt, nicht triumphierend, sondern verträumt schmunzelnd, vielsagend. „Wir sollten die Welt erobern wie zwei Adler", war inzwischen sein sehnsüchtiger Wunsch geworden und solcherart, seinen eigenen Therapieerfolg feiernd, sind die letzten Szenen des Films abgehoben und fantastisch. Sodass sich zum Schluss die Frage stellt: Fiktion oder Wahrheit?

„Alexis Sorbas“ – Närrische Weisheit oder: „Lehre mich tanzen“[6]

Ein Film von Michael Cacoyannis, 1964

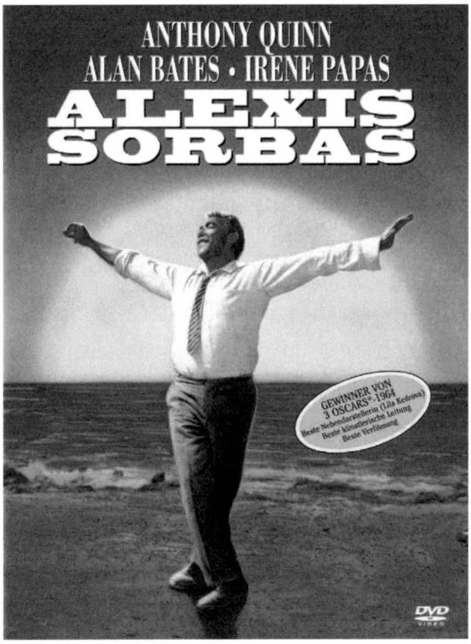

Wer hörte nicht sogleich die zauberhaft funkelnde Musik von Mikis Theodorakis; wer hätte nicht die beiden im Sand des kretischen Strandes Sirtaki tanzenden Männer vor Augen? Eindrücke, tief ins Gedächtnis gebrannt! Manchem gilt „Alexis Sorbas“ als Lieblingsfilm. Für viele ist er ein Klassiker. Bei der jüngeren Generation ist er nur noch wenig bekannt. Schade! Gelegenheit, auf ihn aufmerksam zu machen bzw. ihn ein weiteres Mal zu sehen.

„Alexis Sorbas“ ist die Verfilmung (1964, drei Oscars) des gleichlautenden Romans von Nikos Kazantsakis. Die meisten Kritiker – und derer hat es im Lauf der Jahre viele gegeben – meinen, dass Regisseur Cacoyannis mit diesem Film ein Kleinod geschaffen hat, unterhaltsam und tief bewegend, trotz mancher erkennbarer Brüche und Längen. Unzweifelhaft überwältigend ist die Figur des Sorbas, von der manche meinen, sie sei für Anthony Quinn die Rolle seines Lebens gewesen. Ganz sicher lebt der Film in erster Linie durch die Brillanz seiner Darstellung. Wenn je die Fülle des Lebens in eine Figur auf der Leinwand gegossen wurde, dann durch Anthony Quinn in seiner kühnen Verkörperung des Alexis Sorbas.

Rückkehr zu den Wurzeln

Basil (Alan Bates), ein junger Schriftsteller britisch-griechischer Herkunft, gerade in einer Schreibkrise, will seine unproduktive Zeit nutzen. Er hat von seinem Vater eine alte Kohlenmine auf Kreta geerbt und möchte diese wieder herrichten. So steht er nun, korrekte Erscheinung, geschniegelt und makellos in einen Nadelstreifen-Anzug gekleidet, im Hafen von Piräus. Es regnet in Strömen, und Basil sorgt sich aufgeregt um die Kisten seiner mitreisenden Bibliothek. Im Sturm kann die Fähre nicht auslaufen. Während der Wartezeit „überkommt" ihn der impulsiv-aufdringliche Vagabund Alexis Sorbas, urplötzlich auftauchend, eine Gestalt von unbestimmtem Alter und von unbekannter Herkunft. Für Sorbas jedoch ist es kein Zufall. Immer aufmerksam hat er sich den jungen Reisenden ausgeguckt, er hat das Geschehen am Kai genau beobachtet und fand es „irre komisch". Schon in den ersten Szenen klingt sie an, Sorbas Fähigkeit, die komische Seite zu sehen, wo andere im Begriff sind zu verzweifeln. Und der derbe Kerl findet spontan Gefallen an diesem steifen Engländer.

Ein ungleiches Paar

Trotz ihrer so konträren Naturen ist Basil in Sorbas Bann gezogen, als ob etwas in ihm für eine solch neue Begegnung offen wäre, ja sie erwartet hätte. Dessen herausfordernd-melancholischer Blick ist es, der ihn neugierig macht. Es braucht kaum Worte, über Blicke und Gesten entsteht spontan Beziehung. Früh zeigt sich, dass in diesem Film Worte zwar auch zählen, dass das Wichtigste meist aber über den Austausch nicht-versprachlichter Momente geschieht und dadurch wunderbar dichte Atmosphäre entsteht. Basil spürt, dass diesem Kauz die Lebenslust, das Abenteuer, ins wettergegerbte Gesicht geschrieben ist. Wenige Sätze der ersten Unterhaltung genügen, um zu erkennen, dass dieser urwüchsige Mann dem Intellektuellen grundlegende Fragen und Aufgaben stellen wird und geradezu weise Anstöße gibt.

Mit Bemerkungen in aphoristischer Kürze wie „Ich habe Augen im Kopf, Hände, Beine, die tun die Arbeit, wozu brauche ich da einen Beruf?" oder „Was können Sie schön vernünftig fragen", „Sie denken zu viel" sät er nicht nur Zweifel, vielmehr fasziniert er Basil, der spürt, dass sich in solch scheinbar Banalem Neues, Sinnvolles andeutet. Dieser Herausforderung durch den so ganz anderen möchte er sich stellen. In seiner schelmischen Art gelingt es Sorbas, Basil davon zu überzeugen, dass er der richtige Mann für sein Unterfangen sei. Er verstehe etwas vom Bergbau, überhaupt gebe es wenig, was er nicht könne. Derart „überzeugt", heuert Basil ihn an, und das merkwürdig ungleiche Paar macht sich daran, das Projekt anzupacken.

Sorbas führt seinen vorsichtig zögerlichen „Boss"(so nennt er ihn – aber: Wer ist hier Herr, und wer ist Diener?) in das Leben im Dorf ein, wo die beiden überaus freundlich aufgenommen werden. Dieses Leben ist mühselig, hat wenig, was den Betrachter einladend, gar folkloristisch anmutet. In harten Schwarz-Weiß-Bildern werden Kargheit und Strenge von Land und Leuten vor Augen geführt, aber auch Enge und Rigidität des dörflichen Kollektivs.

„Eine Frau zurückzuweisen, ist eine unverzeihliche Sünde"

Sorbas und sein Boss finden Unterkunft bei Madame Hortense (Lila Kedrova), einer verblühten ehemaligen „Künstlerin", infolge von Kriegswirren im Dorf hängen geblieben, Wohltäterin und doch eine Fremde. Im stattlichen Sorbas sieht sie die Verkörperung all ihrer früheren Liebhaber. Ganz seiner Lebenslust entsprechend umgarnt Sorbas sie, nicht weil er sie liebt, sondern weil er alle Frauen liebt. Und er schenkt Madame Hortense damit wieder Jugend und Anmut – sei es auch nur für kurze Momente. Denn eine Frau zurückzuweisen ist für ihn eine unverzeihliche Sünde.

Noch eine Frau tritt ins Geschehen, eine junge, schöne, trotzig-herausfordernde Witwe (Irene Papas). Die Männer des Dorfes sind hinter ihr her, keiner hat eine Chance. So wird sie zwar von allen begehrt, in ihrer Unerreichbarkeit aber unendlich gehasst. Sorbas jedoch, ganz Kenner, merkt, dass die schöne Witwe ein Auge auf seinen Boss geworfen hat. Wunderbar zu sehen, wie auch hier Mitteilung und Kommunikation in Blicken, Gesten, Haltung und Ausdruck des Körpers liegen.

Dank Sorbas verführender Ermunterung überwindet Basil seine Schüchternheit und traut sich, eines Nachts an ihre Tür zu klopfen. Die schöne Witwe ist seinem zögerlichen Charme erlegen und wagt es, ihm ihre Gunst zu schenken. Aber das Geschehen bleibt nicht unbeobachtet. In Windeseile spricht es sich im Dorf herum, woraufhin sich einer der verschmähten Verehrer umbringt. Natürlich gibt man der Witwe dafür die Schuld. Des Ehebruchs bezichtigt, wird sie von der Meute der Männer getrieben, bis ihr einer hinterhältig die Kehle durchschneidet. Sorbas kann dies nicht verhindern und Basil steht tatenlos am Rand.

Komödie und Tragödie

Ereignisse, die an Szenen klassischer Tragödien erinnern, ganz anders als zu Beginn, als das Geschehen von komödiantischen Momenten geprägt war.

Barbarisch, die Hinrichtung der jungen Witwe! Und nochmals schlägt das Schicksal erschreckend zu. Madame Hortense, überraschend tödlich erkrankt, stirbt trotz der liebevollen Umsorgung von Sorbas. Geifernd-gackernd fallen zahnlose alte Weiber wie Geier plündernd über das Haus der Madame her, während diese noch in den Armen von Sorbas liegt. Wohl wissend, dass der Regisseur die Meute der Männer und die giftig kreischenden Klageweiber in Anspielung an die klassische Tragödie als eine Art Chor verwendet, möchte einem beim Betrachten dieser Szenen das Blut in den Adern gefrieren.

Auch Sorbas strauchelt und hadert angesichts dieser Schläge. Sonst in seiner Lebensfreude nicht leicht aus der Bahn zu werfen, angesichts des Todes aber ist er voll der Klage und Verzweiflung. „Was können all diese Bücher mir sagen, warum ein Mensch so früh sterben muss", fragt er Basil. Dieser: „Sie sprechen von dem, wonach du fragst, aber sie können es uns nicht beantworten." - „Ich spucke auf deine Bücher!"

Ein großes Projekt

Was ist daraus geworden, aus dem Vorhaben der beiden, das Bergwerk wieder herzurichten? Große Träume hatten sie. Das Dorf und die ganze Umgebung sollten davon profitieren. Versuche, die Stollen mit einfachen Mitteln zu sichern, scheitern. Basil will schon aufgeben. Nicht so Sorbas. „Leben heißt, den Gürtel enger schnallen und Ausschau halten nach Schwierigkeiten." Er entwickelt tolle Ideen, wie die doch arg marode Mine, die überdies an einem steilen Berg liegt, wieder betriebstüchtig gemacht werden könnte: Er will die Stollen mit Hilfe von Baumstämmen abstützen, kurzerhand entschlossen, diese aus dem Wald zu besorgen, der oberhalb der Mine liegt. Dieser gehört jedoch dem benachbarten Kloster. Für Sorbas kein Problem. „Der Wald gehört dem Kloster, das Kloster gehört Gott, und Gott gehört allen Menschen." Eine Schwierigkeit gibt es allerdings: Zum Transport der Stämme benötigt er eine Seilbahn. Wahrlich ein großes Projekt!

Funkelnd vor feurigem Eifer, gibt sich Sorbas den Planungen hin. Ein Modell des Berges muss gebaut werden. Und wirklich, im Modell funktioniert die Idee. Begeistert von den Möglichkeiten, die sich mithilfe der Seilbahn ergeben werden, überschüttet er den „Boss". Das Unternehmen werde erfolgreich sein, zu großem Reichtum führen. Sie werden Kohle fördern, mit Holz nicht nur handeln, Schiffe würden sie bauen.

Überzeichnet? Nicht realistisch? Ganz nah beisammen und oft nahtlos ineinander übergehend: realistische Alltagsschilderungen und pathetische Überhöhungen, das Heitere und das Elend, Erfolg und Scheitern, das Komische und das Tragische. Solch heftiges Wechseln zwischen den Genres könnte dem Regisseur als Unstimmigkeit vorgehalten werden – zu Unrecht. Denn dieses Changieren ist nur allzu passend zu einer der Botschaften dieses Films: Das Leben in seiner Fülle ist ein stetiger Wechsel zwischen den Genres, oft paradox, eine episodenhafte Reise mit den unterschiedlichsten, oft widersprüchlichsten Ereignissen und Gefühlen, die wir wenig oder gar nicht unter Kontrolle haben.

Angeklungen schon in den Eingangsszenen, wird zunehmend ersichtlich, dass diese Fülle an Gegensätzlichkeiten, des Sich-Widersprechenden und daraus entstehender Konflikte im Fokus der Geschichte steht. Mehr noch wird deutlich, dass es vor allem um das Aushalten von und das Leben in Widersprüchen geht.

Was er zur Realisierung seines kühnen Vorhabens braucht, will Sorbas in der Stadt besorgen. Geld sei kaum noch vorhanden, und die Zeit dränge, deshalb wird er vom Boss ermahnt, bald zurückzukommen. Ganz entgegen seines Versprechens versackt Sorbas in der Stadt und amüsiert sich einige Tage mit einem Animiermädchen. Ganz Lebemann verjubelt er im Rausch viel Geld und zeigt in dieser Episode seine immer vorhandene Empfänglichkeit für das Blutvolle des Lebens. Aber bei aller Narretei bleibt er, wieder einmal, so weit in der Realität, dass er seinen Auftrag nicht vergisst. Endlich – die Seilbahn wird gebaut und soll feierlich in Betrieb genommen werden.

Grandioses Scheitern

Die Jungfernfahrt der Bahn ist bestens vorbereitet. Alles ist auf den Beinen, die Masten mit Fähnchen geschmückt. Ein Lamm wird gegrillt, und ein Fass Wein steht bereit.

Sorbas und Basil, festlich gekleidet, geben den Startschuss. Die erste Fuhre kommt noch gut ins Tal. Die nachfolgenden Stämme sind viel zu rasant, es treten Schwingungen auf. Ein Balken knickt, und schnell bricht die ganze Konstruktion zusammen.

Vorsichtig tauchen die beiden aus ihrer Deckung auf, und damit kann die berühmte Schlussszene beginnen, in der Sorbas sich nochmals in seiner ganzen Fülle zeigt, es ist, als käme nun die Melodie des Films vollends zum Klingen. Im Zusammenbrechen der Bahn kulminiert die Geschichte, in der immer der Erfolg und das Scheitern thematisiert waren. Und dieses Projekt scheitert grandios.

Hier könnte die Geschichte enden, ginge es um die Abenteuer eines Glücksritters: Der Schatz nicht gefunden, der Held gescheitert wegen seiner Gier, vielleicht tot oder zumindest unglücklich. Nicht so hier.

Die beiden erheben sich, klopfen sich den Staub aus den Kleidern, erst jetzt bemerken sie: Alles liegt in Trümmern. Sorbas wäre nicht der Realist, der er ist, wenn er nicht sogleich Sorge hätte, das Lamm auf dem Grill könne verbrennen. „Das Lamm, es verbrennt!" Ohne zu zögern, aber noch ganz unter dem Eindruck des Desasters, machen sie sich daran, das Lamm, eigentlich zur Feier des Erfolgs gedacht, zu verspeisen. Verstohlen blicken sie sich an. Ein Schmunzeln. Alles kaputt – und Sorbas sagt: „Alles ist prima!"

Wieder so nah beieinander, Erfolg und Scheitern, die Katastrophe und das Glück. Paradox! Verrückt? Wahnsinn! Weisheit? Eigentlich gibt es nichts zu feiern, doch sie begehen ein Festmahl – ein Festmahl ihrer Freundschaft. Als wäre ihnen angesichts der Härte der Prüfung das Geheimnis ihrer Freundschaft, ja sogar des Lebens bewusst geworden: wie sehr sich Gegensätze bedingen und brauchen, damit sich daraus Neues generieren kann.

Nur der Tor erkennt den wahren Schatz

Wie in vielen Geschichten vermag nur der Tor den Schatz wirklich zu erkennen. Sorbas, in seiner närrischen Weisheit, scheint darum zu „wissen". Nicht Verzweiflung löst der Untergang des Projektes aus. Die erste Reaktion ist ein gemeinsames Schmunzeln, ein plötzlich und ganz unerwartetes Moment, befreiend und erlösend-komisch.

Basil ist kaum wiederzuerkennen. Er, der Feine, der Beherrschte gibt sich mit gieriger Lust seiner Lammkeule hin, eine überraschende Veränderung – sehr zur Freude des doch arg mit ihm identifizierten Zuschauers.

Aber auch in Sorbas scheint sich etwas verändert zu haben. Er, ungebrochen, in gewisser Weise ein Verwandter des „edlen Wilden", der uns den Mythos vom einfachen und glücklichen Leben vor Augen führt, braucht die Brechung und Spiegelung im Kultivierten. Denn erst dadurch kann er in seiner ver-rückten Weisheit Orientierung schaffen. Die zu erwartende Trennung lässt ihn, den Rauen und Wortkargen, geradezu eine

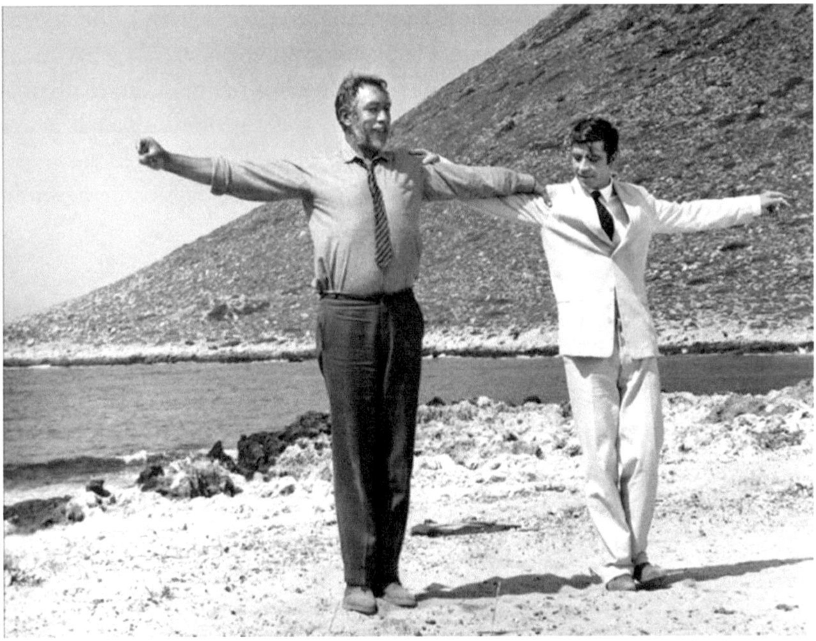

Alexis Sorbas (Anthony Quinn) und Basil (Alan Bates):
„Hast du schon einmal etwas so schön zusammenkrachen gesehen?"

Liebeserklärung zum Ausdruck bringen. „Ich hab noch nie einen Mann so geliebt wie dich, Boss! Was soll ich machen, wenn ich Dich nicht mehr habe?" Und dann in der Art einer philosophischen Quintessenz: „Nur eins hast Du nicht mitgekriegt: Wahnsinn. Und ein Mann braucht eine Portion Wahnsinn, um couragiert zu sein auszubrechen, um frei zu sein." Eine weise Erkenntnis, ganz nah der des Erasmus von Rotterdam, der sagt, der Torheit ganz allein und ihrer Kraft hätten es Götter und Menschen zu danken, wenn sie heiter und frohgemut sind.

Genießen wir deshalb die abschließende Szene, an der sich die Liebhaber dieses Films nicht sattsehen können. Basil, sehr nachdenklich, ist anzusehen, dass ihm, dem „Mann der Bücher", die Worte fehlen und er voll der Gefühle ist. Bei Sorbas hat er erlebt, dass für diesen das Tanzen der Weg ist, sich aus Situationen zu befreien, in denen er „zum Platzen angespannt" ist – und er bittet Sorbas: Lehre mich tanzen! „Komm mein Junge!" So tanzen sie, der „Boss" und Sorbas, und zu den Klängen des Sirtaki gesellt sich Lachen, mitreißend, in welches sich Sorbas letzter Ausruf mischt: „Hast du schon einmal etwas so schön zusammenkrachen sehen?" Die Versuchung ist groß, dieser spontanen Herausbildung von neuen, bisher nicht da gewesenen Eigenschaften nachzuspüren. So könnte man dieses überraschende Moment der Wandlung als Phänomen des neuerdings auch in der Psychotherapie gängigen Zauberworts der Emergenz betrachten …

Nein, besser nicht. Vermutlich wäre eine solche Schlussbemerkung allzu paradox – womöglich sogar töricht.

„Il Postino – Der Postmann“ – oder: Die Liebe zur Poesie[7]

Ein Film von Michael Radford, 1994

Ach, das Föhrengewoge,
Rauschen brechender Wellen,
langsames Spiel von Lichtern,
einsames Glockenläuten,
Dämmerung, niedersinkend
in deine Augen, Puppe,
Tritonshorn auf dem Festland,
in dir ertönt die Erde.
In dir singen die Flüsse,
und es flüchtet mit ihnen
mein Herz, wie du es möchtest
und wohin auch dein Wunsch
weist.
Markiere mir den Weg
auf deinem Hoffnungsbogen,
und verzückt lass ich schwirren
den Schwarm all meiner Pfeile …

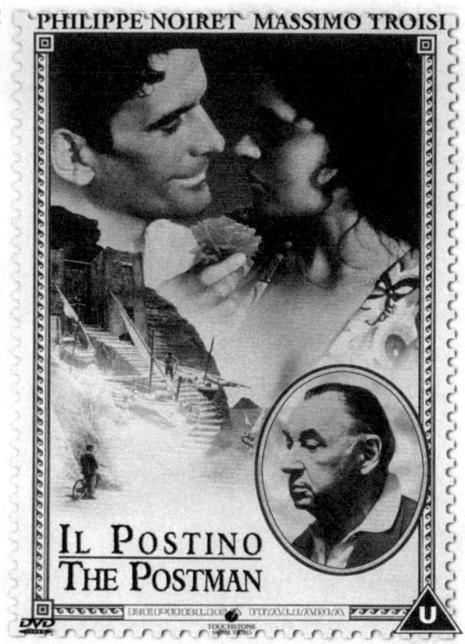

Diese Zeilen sind Pablo Nerudas erstem Werk entnommen, einer Gedichtsammlung mit dem Titel *Zwanzig Liebesgedichte und das eine Lied der Verzweiflung*, die er 1924 im Alter von 20 Jahren veröffentlichte, mit der er sich als Autor von Liebesgedichten einen Namen machte und die seinen Ruhm begründete.

Zeitlebens war der Chilene ein „Dichter der Liebe“, der die Liebe in all ihren Facetten begeistert und begeisternd besungen hat. Aber nicht nur dies: Denn nachdem sein Kollege und enger Freund Federico Garcia Lorca im Zuge des Spanischen Bürgerkrieges von den Faschisten ermordet worden war, begann sich Neruda zunehmend zu politisieren. Er unterstützte die Arbeit der spanischen Republikaner, wandte sich gegen den weltweit entstandenen Faschismus und begann die Arbeit an seinem Hauptwerk, dem „Canto General“, jenem monumentalen, gesamtamerikanischen Epos, in dem sein politisches Engagement seinen dichterischen Ausdruck fand. Im Zuge der antikommunistischen Repression im Chile gegen Ende der 40er Jahre musste Neruda untertauchen, schließlich fliehen und für einige Jahre ins Exil gehen.

Der Dichter im Exil

In eben dieser Zeit des Exils siedelt der Regisseur Michael Radford die Geschichte des Films „Il Postino – Der Postmann“ an. Als Vorlage für sein Drehbuch nahm er den Roman „Mit brennender Geduld“ von Antonio Skarmeta, der darin eine authentische Episode aus dem Leben seines Landsmannes Neruda beschrieben hat. Abweichend vom Roman verlegt der Regisseur die Handlung von der chilenischen Isla Negra auf eine italienische Insel. Auch siedelt er die Geschichte, anders als bei Skarmeta, in der Zeit von Nerudas Aufenthalt im Exil an und lässt den Dichter - wiederum abweichend vom Roman und entgegen der historischen Wahrheit - während dieser Zeit den Nobelpreis erhalten (tatsächlich bekam Neruda den Nobelpreis 1971).

Man sieht: „Il Postino“ ist primär keine Literaturverfilmung, vielmehr hat Regisseur Radford ein eigenständiges Werk geschaffen, dessen bittersüße Geschichte um eine ungewöhnliche Männerfreundschaft berührt, eine ungemein poetische Geschichte um Liebe und Poesie, um die Liebe zur Poesie und um deren verzaubernde Macht. Ein cineastisches Gedicht, in welchem Poesie vielfältig anklingt, auch in herrlichen Landschaftsaufnahmen oder in der heiter-melancholische Musik, die nicht zu Unrecht oscarprämiert wurde.

Karg und bar jeder Poesie

Mario Ruopollo (Massimo Troisi), der junge „Held“ der Geschichte, lebt auf einer ruhigen süditalienischen Insel. Sein Vater ist, wie die meisten ihrer Bewohner, ein Fischer, dessen Leben unzweifelhaft von der Bitterkeit der Armut gekennzeichnet ist, auch wenn Marios am azurfarbenen Meer gelegenes Dorf mit seinen ockerfarbenen Häusern überaus pittoresk aussieht und durchaus dem Filmklischee von mediterranem Leben entspricht. Da der schwächliche junge Mann so gar nicht zum Fischer taugt, ist er seinem hart arbeitenden Vater eine arge Last.

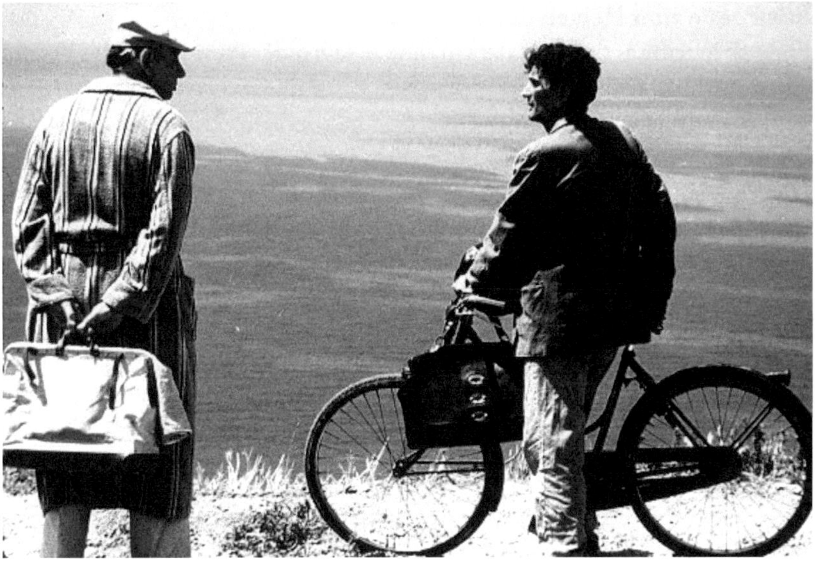

Pablo Neruda (Philippe Noiret) und Marco Ruoppolo (Massimo Troisi).
„Dichter, wie wird man das eigentlich, Maestro?"

In der Eingangsszene des Films, die diese Atmosphäre - karg und bar jeder Poesie - eindrücklich zeichnet, sieht man Vater und Sohn miteinander am Tisch sitzen, der Alte stumm in seinen Suppentopf stierend, während Mario versucht, mit ihm ein „Gespräch" zu führen. Ein Bild, das in seiner schlichten, dürftigen Einfalt spontan berührt. Mario, ein Tölpel? Bald merkt man, dass dem nicht so ist. Zwar ist er beim Fischfang nicht zu gebrauchen - eine andere Arbeit für ihn gibt es nicht - und somit bei den handfesten Fischern nicht besonders angesehen. Der verträumte junge Mann liebt es aber, den Samstagabend im Dorfkino zu verbringen, um etwas von der Welt zu erfahren.

Und so sieht er eines Abends in der Wochenschau einen Bericht über einen berühmten Mann, von dem er noch nie etwas gehört hat. Der Mann ist Pablo Neruda (Philippe Noiret), und die Szene zeigt die Ankunft des großen Dichters in Italien nach dessen Vertreibung aus seinem Heimatland. Obwohl ihm der Bericht nicht viel sagt, fragt sich Mario jedoch, warum alle Frauen so fasziniert zu sein scheinen von diesem alten Mann.

Mit Poesie zum Herzen der Verehrten

Für Mario trifft es sich gut, dass in diesen Tagen der Postmeister des Dorfes einen Aushilfspostboten sucht, der lesen kann und ein Fahrrad besitzt, mit dem er dem neuen Bewohner einer etwas außerhalb des Dorfes gelegenen Villa die Post zustellen kann. Und wie das Schicksal so spielt: Der große Dichter zieht in eben dieses Haus - und Mario bekommt den Job, da er lesen und schreiben kann, „zwar nicht so schnell“, wie er selbstkritisch einräumt. Als dessen persönlicher Briefträger kommt er in den Genuss, der Berühmtheit die tägliche Post seiner Fans zu seinem entlegenen Haus zu bringen. Diese sind, wie Mario vermutet und in seiner Neugierde schnell feststellt, meist weiblichen Geschlechts. Mario ist vom Leben des berühmten Fremden fasziniert. Gebannt verfolgt er, mit welch zärtlicher Zuneigung dieser seiner Frau begegnet, er sieht, wie die beiden in inniger Umarmung Tango tanzen, hört sie liebende Worte wechseln und bald kommt er auf den Gedanken, dass der Dichter ein möglicher Lehrer in Sachen Liebe und Poesie sein könnte.

Daran hat Mario ein elementares Interesse. Denn er hat sich in Beatrice (Maria Grazia Cucinotta) verliebt, eine verführerische, launenhafte Schönheit, die zwar noch nichts von ihrem Verehrer weiß, aber, so ist seine Überlegung, wenn er ein Dichter wäre, könnte er seine Angebetete mit schönen Worten, mit Gedichten umwerben, und wäre womöglich so erfolgreich wie Neruda. So versucht er, sich vorsichtig dem Dichter zu nähern, um in Erfahrung zu bringen, was es mit der Poesie auf sich hat, dass sie die Frauen der Welt so zu verzaubern vermag.

Vom Pfeil des Eros getroffen

Derart im Bann von Liebe und Verliebtheit, ist Mario vom Pfeil des Eros und dessen archetypischer Urkraft getroffen. Einmal mehr bringt Eros Zauber und Verführungskraft, zeigt seine Macht als „der große Beweger“. Mario, aufgewachsen in einer kargen und spröden Umgebung, so ganz ohne „Poesie“, gehemmt und dürftig in den Möglichkeiten, seinen Gefühlen Ausdruck zu verleihen, ist urplötzlich angestoßen, ihm Unbekanntes – tiefgründig, verlockend und verführerisch, ungezähmt und ungezügelt – zu entdecken, zu entwickeln und in seinem Leben zum Klingen zu bringen.

Bekanntlich zielt Eros auf Beziehung und Bezogenheit. Mario spürt: Will er in seinem Liebeswerben erfolgreich sein, muss er den hilfreichen Kontakt zum Dichter suchen, mehr noch aber ahnt er, dass es an der Zeit ist, Zugang zu seinen eigenen schlummernden Potenzialen zu finden. (Wer würde hier nicht an Parallelen zu therapeutischen Prozessen denken). So wird ihm Beatrice (Dante lässt grüßen!) nicht nur begehrtes Liebesobjekt, sondern innere „Seelenführerin", die ihn bei seinem Vorhaben inspiriert und anspornt. Seine Versuche sind vielfältig, zwar noch nicht schöpferisch, sondern in erster Linie von Verlockung und Verlangen geleitet, dabei aber enorm ideenreich.

Zaghaft aber beharrlich nutzt er, der einfache und naive Postbote, jede Gelegenheit, um den weltläufigen Dichter in ein Gespräch zu verwickeln, meist unbeholfen und linkisch, aber nicht ohne Charme. An einem Tag bittet er um eine Widmung in ein Buch, das er erstanden hat. An einem anderen drängt er den Meister, für seine Flamme ein Gedicht zu schreiben, natürlich vergeblich. Mario, dreist, schreckt nicht davor zurück, einfach eines der Gedichte zu „klauen" und mit des Dichters Worten, die er als seine eigenen ausgibt, um Beatrice zu werben. Dass Neruda darüber verärgert ist, verwundert nicht, auch nicht, dass er den „Dieb" deshalb zur Rede stellt. Aus dieser Konfrontation entwickelt sich ein wunderbarer Disput darüber, wem Poesie gehört – dem, der sie geschrieben hat oder dem, der sie braucht?

Dem Postboten ist es inzwischen nicht nur gelungen, die Aufmerksamkeit, sondern auch das Interesse „Don Pablos" zu gewinnen. Man spürt, dass zwischen den beiden so ungleichen Männern etwas Besonderes im Entstehen begriffen ist, jene immer herzlicher werdende Auseinandersetzung zwischen Lehrer und Schüler, Dichter und Schwärmer über Sinn und Zweck, Wirkung und Schönheit der Poesie, eine Auseinandersetzung, die diesen Film so einzigartig macht.

Metaphern ... Metaphern

Beim Lesen von Nerudas Gedichten stolpert Mario über so manche Stelle. Vor allem die vielen darin auftauchenden Bilder verwirren und faszinieren ihn zugleich. Beeindruckt präsentiert er dem Maestro täglich eine neue Zeile: *„... eingerammt wie eine Lanze ...", „... so wie auf dem Schachbrett der Turm, so stark ...", „... noch stiller als eine Porzellankerze ..."*, bis dieser, allmählich genervt vom inbrünstigen Deklamieren, ihm schließlich erklärt, dies alles seien „Metaphern" - für Mario ein fremder Begriff und doch etwas, was ihn nicht mehr loslässt, so als „wisse" er um die Kraft der „Metapher als Instrument der Seelenarbeit. "

Mario fragt mit Enthusiasmus und der Meister antwortet mit Freude und Wohlgefallen, sodass es in diesen Schlüsselszenen zu unvergleichlich dichten Dialogen zwischen Meister und Schüler, Lehrendem und Lernenden kommt. Geduldig, von jeder der naiv-klaren Fragen herausgefordert, redet Neruda über Metaphern als sprachliche Bilder, erklärt, dass sie Grundlage für unsere Sprache sind, zeigt, wie wir über sie Vorstellungen als Bilder aufbauen, wie wir in ihnen Bedeutungen verschieben; er verschafft Mario eine Ahnung von der urtümlichen Kraft und der Macht, die Bildern und Worten innewohnt. Und auf jede Antwort gibt es eine neue Frage.

Hinter all den Gesprächen lauert für Mario sein Anliegen: *„Dichter, wie wird man das eigentlich, Maestro?"* Dessen Antwort in der Manier eines Weisen. *„Geh den Weg am Ufer entlang der Bucht, Schritt für Schritt, und achte auf alles, was du siehst."* So als ob er ihn dafür in eine Schule der Achtsamkeit schicken wolle, in eine Schule, in der von ihm bislang nicht Beachtetes wahrgenommen und empfunden werden kann, wo er Gelegenheit bekommt, seine Augen und Ohren für die Schönheit seiner Insel zu öffnen, sie zu empfinden und zu erleben. So lernt Mario vom großen Neruda, wie man den Poeten in sich entdeckt, wie man seine Gedanken zu Papier bringt, auch wie einfach Metaphern sein können, selbst wenn man keine Ahnung hat, was Metaphern überhaupt sind. Unschwer ist die Vermutung, dass Mario mit Nerudas und der Metaphern Hilfe das Herz seiner Angebeteten erobert. Denn Mario, talentiert und bald geübt in Sachen Metaphern, ist es gelungen, seine Geliebte mit schönen Worten zu umgarnen, sie mit Metaphern geradezu „anzuheizen". So wird das Kichern Beatrices zum *„Liebeslachen, das sich wie ein Schmetterling über dein Gesicht ausbreitet"*.

Oder er schickt betörende Verse, entlehnt beim Meister:

> *... Heute ist Dein Lächeln*
> *ein Schmetterling, aber morgen sind deine*
> *Brüste zwei gurrende Tauben*
> *deine Brustwarzen zwei saftige Himbeeren ...*

Beatrice ist von solchen Worten verzaubert, doch ihre bigotte Tante Rosa, immer in Sorge um die Jungfräulichkeit ihrer Nichte, weiß um die Macht der Worte, wenn sie zetert: „So, so, Metaphern hat er mit dir gemacht. Ein Mann ist nicht weit weg mit seinen Händen, wenn er beginnt, dich mit seinen Worten zu berühren.“ Doch noch schlimmer soll es für sie kommen, als ihr die folgenden Zeilen in die Hände fallen:

nackt bist Du wie der nackte Weizen
schlank,
nackt bist Du wie die Nacht auf Kuba blau,
hast Ackerwinden und Sterne im Haar,
nackt bist Du unerhört und gelb
wie in einem goldenen Kirchenraum der
Sommer ...

Das ist entschieden zu viel für sie, sodass sie sogar den Priester deshalb bemühen muss. Doch gegen Poesie und keimende Liebe kann selbst Donna Rosa nichts ausrichten. Die Geschichte kommt zu einem vorerst glücklichen Ende, und der Handlungsstrang kann dem der Romanze folgen: Mario und Beatrice feiern Hochzeit, der Dichter ist Trauzeuge, alle sind glücklich, auch Neruda, denn er darf wieder zurück in seine chilenische Heimat.

„Die traurigen Netze meines Vaters“

Eine lange Zeit des Schweigens bricht an, kein Wort von Neruda. In Mario wachsen Enttäuschung, Trauer und Wut. Schmerzlich Abschied zu nehmen vom schwärmerisch überhöhten Meister bedeutet für ihn auf seinem Entwicklungsweg auch, die Idealisierung des Verehrten ein Stück weit aufzugeben. Wie so oft setzt derartige Ent-Täuschung auch in Mario eigene Schöpferkräfte frei. Er beschließt, Neruda einen Gruß zu schicken mit Geräuschen der Insel, aufgenommen von ihm mit Nerudas Tonbandgerät. Ein Unterfangen, mit dem er erstmals ein eigenes Kunstwerk hervorbringt, und dies in einer Poesie, mit der er seinen Lehrmeister geradezu übertrifft:

Zuerst Numero 1: Wellen an der Cala de Sotto, aber nur kleine
Numero 2: Wellen, große
Numero 3: Wind, draußen an den Klippen
Numero 4: Wind in den Büschen
Numero 5: die traurigen Netze meines Vaters
Numero 6: Die Glocke der Dorfkirche – und Priester

Numero 7: nächtlicher Sternenhimmel über der Insel
Numero 8: das Herz von Pablito" (des Sohnes im Mutterleib).

In dieser Sequenz gelingt es dem Film, jenseits der Romanze, stilistisch etwas ganz Besonderes darzustellen: Als ob gezeigt werden sollte, dass Mario seine Achtsamkeitsschule mit Erfolg absolviert hat, spielt der Film mit sich als Medium des Sehens und Hörens. Der Zuschauer sieht, wie der Gruß auf einem Tonband festgehalten wird. Der Adressat Neruda aber wird – anders als der Zuschauer – nicht jene Bilder sehen, wie Mario die Geräusche aufnimmt. Das bedeutet, der Film tritt hinter sich zurück, wird aber nicht zum „Stummfilm", sondern eher zum „Blindfilm". Besonders beeindruckend – fast ein genialer Einfall – ist Bild 7, wenn Mario die Geräusche des Sternenhimmels aufnimmt. Vollständige Ruhe – deren „Geräusche" erst durch die Vorstellungskraft freigesetzt werden.

Das Ende des Films bleibt vielen Zuschauern kaum in Erinnerung und wird in Kritiken meist nicht erwähnt. Durchaus verständlich! Nach all den beeindruckenden Bildern, der romantischen Geschichte und so viel Poesie kann einen das tragische Ende des Films durchaus irritieren: Mario, ähnlich Neruda, inzwischen politisiert, hat ein Gedicht geschrieben, „Canto a Pablo Neruda", mit dem er bei einer Kundgebung der Kommunisten in Neapel auftreten soll. Voll Stolz und Begeisterung möchte er seinen Vortrag samt aufbrausendem Applaus auf Tonband aufnehmen, um dies dann Neruda zu schicken. Dazu kommt es aber nicht. Während der Demonstration entstehen Tumulte, es fallen Schüsse, kurz bevor er die Bühne erklommen hat, wird Mario von einer Kugel tödlich getroffen. Ein nicht so leicht nachvollziehbarer Bruch, vielleicht nur zu verstehen, wenn man die Geschichte des Films als „Entwicklungsroman" betrachtet, als die Beschreibung des Entwicklungsweges des jungen Mannes Mario. Dieser, ohne Mutter und „vaterlos" aufgewachsen, naiv und zurückgeblieben, findet in Neruda ein hilfreiches väterliches Objekt, das ihm Möglichkeiten zur Identifizierung bietet, welches sich darüber hinaus auch anbietet, idealisiert zu werden.

Mit Hilfe dieses väterlichen Objektes beginnt der junge Mann, im Außen und im Innen Neues zu entdecken. Zwar gelingt es ihm, den großen Mann zu entidealisieren, dennoch bleibt er in schwärmerischer Verliebtheit und Verehrung hängen, drängt sich wie ein adoleszenter Phantast auf die Bühne, um sich am Applaus der Menge zu berauschen und damit endlich den „Vater“ mit den eigenen Glanzleistungen zu beeindrucken. Ein Entwicklungsweg, der fast zwangsläufig zu einem tragischen Ende führen muss.

Dem Zuschauer jedoch, für den solche auf intrapsychische Vorgänge zielende Überlegungen weniger im Vordergrund stehen, der vielmehr in erster Linie die ach so berührende und mit viel Herzblut erzählte Geschichte genießt, bleibt der - vielleicht naive - Wunsch, die erzählte Geschichte hätte ohne das tragische Ereignis geendet.

Eine abschließende Anmerkung: Der Film „Il Postino“ ist mit einer schmerzhaften Tatsache verbunden, durch die er erst richtig bekannt wurde. Massimo Troisi, der die Rolle des Mario spielt, ist einen Tag nach Abschluss der Dreharbeiten an seinem Herzleiden gestorben. Obwohl er schon lange herzkrank war, weigerte er sich, die Dreharbeiten zu unterbrechen, um eine anstehende Herztransplantation vornehmen zu lassen. „Il Postino“ war für Troisi die Bestätigung für seine Liebe zur Poesie.

„Das Mädchen und der Künstler“ – Ein filmisches Stilleben[8]

Ein Film von Fernando Trueba, 2012

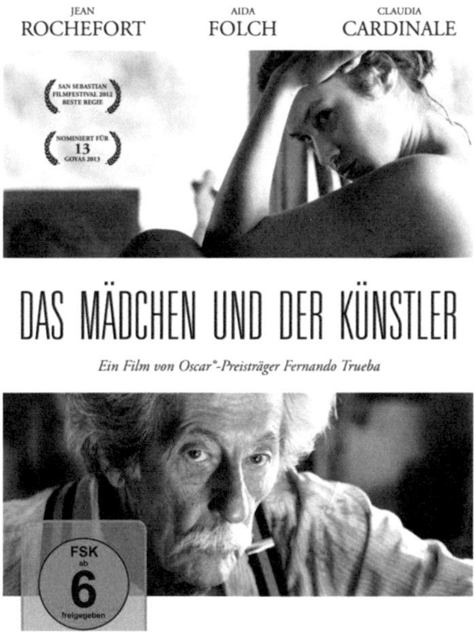

Die komplexe Beziehung zwischen dem Künstler und seiner Muse ist seit Balzacs *Das unbekannte Meisterwerk* ein stetig wiederkehrendes Thema in Literatur und Film. Im Kino wurde das Verhältnis zwischen Künstler und Modell in den letzten Jahren vielfach aufgegriffen. Jacques Rivettes hat in *Die schöne Querulantin* (1991) Balzacs Erzählung filmisch verarbeitet. Eher historische Künstlerfilme sind Peter Webbers *Das Mädchen mit dem Perlenohrring* (2003) oder Gilles Bourdos' *Renoir* (2012), und jüngst erregte Abdellatif Kechiche Aufmerksamkeit mit *Blau ist eine warme Farb*e (2013), einem eher schrill-voyeuristischen Musen-Melodram.

Der spanische Regisseur Fernando Trueba – bekannt geworden mit seinem Oscar-prämierten Film *Belle Epoque* (1992) – hat bislang eher beschwingte, bunte Streifen gedreht. So ganz anders als diese frühen Werke ist sein 2012 in Schwarzweiß entstandener Film *Das Mädchen und der Künstler.*

Eine filmische Meditation

Ein Film von klassischer Schlichtheit, dabei gleichermaßen schwelgerisch ausholend wie von asketischem Bescheiden. Schwelgerisch deshalb, weil er eine enorme Sinnlichkeit aus einer sehr simplen Kinogeschichte herausholt – ein greiser Bildhauer findet im besetzten Frankreich in einer jungen Spanierin die letzte Inspiration seines Lebens. Asketisch, weil er sowohl auf Farbe verzichtet als auch auf die Filmmusik. Ein Film, der auf die stillen Momente und kleinen Gesten und die Wirkkraft starker Bilder setzt. Durchaus als eine Hommage an die Macht der Schönheit zu bezeichnen, ist er vor allem aber eine filmische Meditation über Jugend und Alter, über Leben und Tod, immer changierend zwischen den Polaritäten, zwischen Lebenslust und Vergänglichkeit, Trauer und Freude, formal zwischen Helle und Dunkel, zwischen intensivem, oft grellen (Sonnen-) Licht und harten, zauberhaften Schatten.

Fast zu stilsicher

Wenn in den ersten Sequenzen des Films der alte Künstler auf seinem Morgenspaziergang einen verwitterten Astknochen, ein leeres Nest, einen skelettierten Vogelschnabel als Zeichen der Vergänglichkeit betrachtet, sind dies Bilder von erlesener Ästhetik, als ob sie beabsichtigten, in eine Schule des Wahrnehmens, des Schauens und Hörens einzuführen.

Der Film verzichtet auf Farbe, dafür tut sich in den Kontrasten, in den dicht ausgeleuchteten Schwarzweißbildern, in den Grauwerten und den Naturgeräuschen eine eigene imaginäre Farbpalette auf. Trueba verzichtet auch auf Musik, stattdessen wird streckenweise die Stille geradezu zelebriert, werden Geräusche überhöht, ein fortwährendes Spiel mit Möglichkeiten formaler Gestaltung.

Dabei wird deutlich, dass sich der Regisseur, ähnlich der Arbeit des bildenden Künstlers, in seiner Kunst des Filmemachens auf die Suche nach der reinen Form von Bild und Ton begibt – hochstilisiert, fast allzu stilsicher. Dieses höchst eindrückliche Bemühen um Perfektion, diese formale Strenge bedeuten jedoch, dass die ästhetischen Effekte stellenweise Gefahr laufen, zu Klischees zu werden, manieriert und akademisiert, was dann vor allem die Nebenstränge der Geschichte kollidieren und bedauerlicherweise etwas oberflächlich und blass erscheinen lässt (die Rolle der Résistance im grenznahen Gebiet, das Leben im Untergrund, die Freundschaft zwischen dem Künstler und einem Nazi-Offizier, der eigentlich Kunstprofessor ist). Trotz solcher Einschränkungen ist sich die Kritik aber einig, dass Trueba ein filmisches Poem geschaffen hat.

Von der Inspiration verlassen

Der Sommer des Kriegsjahres 1943: Von seiner Inspiration verlassen und der

Menschen müde, lebt der 80-jährige Bildhauer Marc Cros (Jean Rochefort) mit seiner Ehefrau und ehemaligen Muse Léa (Claudia Cardinale) in einem abgeschiedenen Pyrenäenstädtchen. Schon lang hat er kein Werk mehr geschaffen, ja seit Jahren nicht einmal mehr sein Atelier betreten.

Seine Frau ahnt, der Künstler möchte, – noch einmal und sein künstlerisches Leben abschließend –, eine Skulptur schaffen, in der die Schönheit des Lebens und die Erhabenheit der Kunst zum Ausdruck kommen. Sie spürt aber auch, dass es dazu eines kreativen, erotischen Reizes bedarf. Vermutlich hat sich Léa genau das erhofft, als sie eines Tages eine junge Frau kennengelernt und zu einer warmen Mahlzeit nach Hause eingeladen hat. Vielleicht kann das Mädchen, die junge Katalanin Mercè (Aida Folch), die sich auf der Flucht vor dem Franco-Regime befindet, ihren Mann wieder zu künstlerischem Schaffen bringen. Léa bietet ihr an, Logis in Marcs Atelier zu nehmen, das abgeschieden auf einer Anhöhe liegt, und im Gegenzug ihm fortan für sein letztes Werk als Modell zur Verfügung zu stehen.

Ein Entwicklungsprozess

Es ist beeindruckend, den kreativen Prozess, der letztlich ein Entwicklungsprozess beider Protagonisten ist, zu verfolgen und zu sehen, wie dezent, schamvoll zurückhaltend der Regisseur die Begegnung und Veränderung dieses so gegensätzlichen Paares darstellt. Dabei konzentriert sich der Film im Wesentlichen auf das Geschehen im oder ums Künstleratelier, geradezu ein geschlossener Raum.

Anfangs die Atmosphäre des verstaubten Ateliers fast zum Greifen nah: der Künstler mit seiner raumfüllenden Melancholie, versteinert, ungeübt, desorientiert sich an sein Vorhaben herantastend, denn seit langem sind seine Fähigkeiten zu künstlerischem Tun eingestaubt. Aber auch der Zugang zu seiner geistigen Vitalität, zu seinen inneren Potentialen, scheint unter Altersschichten verschüttet zu sein.

Das Mädchen, sein Modell, ängstlich, zuerst geniert, vor dem Alten nackt zu posieren, nicht wissend, auf was sie sich da einlässt. Allmählich aber weicht ihre Scheu, die Bereitschaft wächst, sich dem Abenteuer hinzugeben, während der Alte auf sie schaut wie auf einen Gegenstand, dabei hilflos blickend, ungeschickt das Material formend, jeden Versuch mürrisch verwerfend. Noch kann er das Modell nur als äußeres Objekt erkennen, noch ist kein Funke übergesprungen zu seinem eigenen Inneren, zu seinen kreativen Quellen.

Blick und Gegenblick

Zwar ist Mercè befremdet vom eigenartigen Gehabe des Meisters, dennoch weckt dessen Blick ihr Interesse. Und etwas Überraschendes geschieht. Etwas, was immer wieder als typische Kommunikation zwischen dem Künstler und seinem Modell beschrieben wird: Der Blick des einen trifft auf den Gegenblick des anderen und setzt einen Austausch in Gang. Auch hier entsteht eine erste Blickbeziehung, im Wesentlichen ohne Worte, in spannungsgeladener Stille.

Lang ist Marc mit unendlichen Vorversuchen beschäftigt, aber es scheint, als erkenne er zunehmend nicht mehr nur das Modell als Objekt, sondern sehe auch den Menschen in ihm. Und vorsichtig weicht die Sprachlosigkeit, sodass beide kurze Momente des persönlichen Austausches wagen.

Die Protagonisten beginnen sich zu öffnen und auch die Enge des Ateliers weitet sich. Mit malenden Vorstudien im Freien beschäftigt, beobachtet der Alte eines Tages, wie das nackte Mädchen im benachbarten Teich badet. Nicht nur er ist von der Schönheit dieses Bildes betört, auch der Zuschauer fühlt sich an die legendäre Szene erinnert, in der Anita Ekberg in Fellinis *Das süße Leben* in der Fontana di Trevi badet. Es sind kleine Posen, die sich in der lebendigen Bewegung beim Baden zeigen, aber sie sind von archetypischer Größe. Von der Wirkkraft dieses Bildes getroffen, können endlich auch die inneren Bilder angestoßen werden, und der Künstler spürt, dass es ihm darum geht, in seinem letzten Werk eine Skulptur zu schaffen, die seinem Bild des vollkommenen Weiblichen entspricht. *Ich verfolge dieses Ziel mein Leben lang*, erklärt er Mercè.

Nichts wird dir offenbart,
wo Du nicht offen bist;
und außen siehst du nichts,
was dir nicht innen ist.

Das Äußre dient dir nur,
dein Innres zu entfalten,
dein Innres weiter dann,
das Äußre zu gestalten.

Friedrich Rückert (1788-1866)

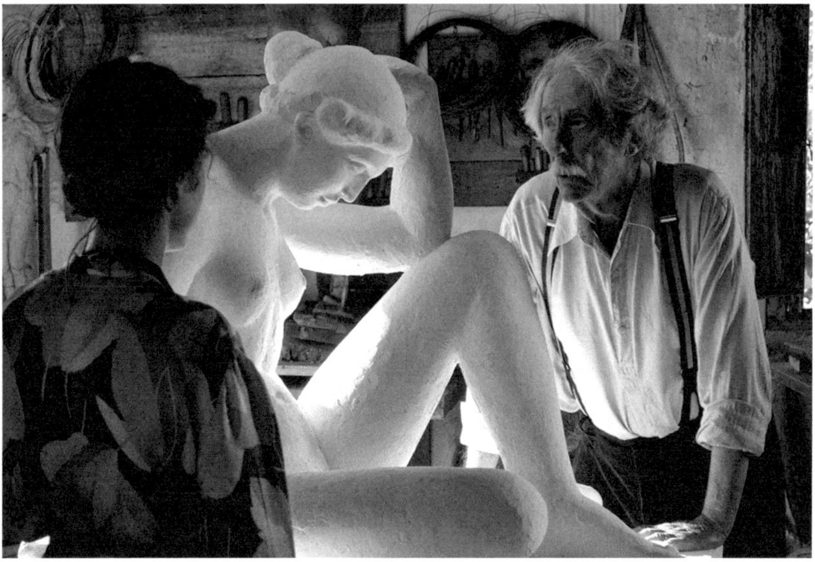

Die Skulptur entsteht.
Mercé, das Modell (Aido Folch) und Marc Cros, der Künstler (Jean Rochefort).

Plötzlich und unerwartet

Beide bemühen sich angestrengt, dieses Bild gestaltend zu fassen. Pose um Pose, Versuch um Versuch. Vergebens. Aber nicht Enttäuschung und Verzweiflung begleiten ihr Tun. Denn inzwischen hat sich zwischen Künstler und Modell eine zarte Freundschaft entsponnen, ein Austausch der Gaben von Jugend und Weisheit.

Während Marc mit seinem Werk ringt, spricht er mit dem Mädchen über die Mühen des Alters und den nahenden Tod. Auch kreisen seine Gedanken um das Verhältnis von Wirklichkeit und Abbild, um das Wesen der Kunst und der Schönheit – ganz Weisheit –, und doch etwas zu pathetisch und abgehoben geraten. Zugleich sorgt Mercè mit ihrer Jugend dafür, dass die Geschehnisse der Welt draußen, die Realität noch einmal Einzug in den Elfenbeinturm des Ateliers hält. Und Marc will mehr aus ihrem jungen Leben zu wissen. So erfährt er, dass das Mädchen, das ihm tagsüber Modell sitzt, des Nachts verschwindet, um Flüchtlinge über die Grenze zu bringen.

Der Archetyp muss im Persönlichen lebendig werden. So auch hier. In der freundschaftlichen Begegnung mit der jungen Frau kann die Idee,

– das große archetypische Bild des Weiblichen –, lebendig, gewissermaßen beseelt werden. Denn plötzlich und unerwartet ist in einer einzigen unbeabsichtigten Haltung Mercès, einer kleinen Geste der Erschöpfung, das da, wonach Marc so lange gesucht hat, sodass es nun Gestalt annehmen kann.

Die Skulptur entsteht, nimmt Form an. Marc und Mercè, im Laufe des schöpferischen Prozesses selber geformt und sich wandelnd, haben etwas Drittes, das Werk, geschaffen. Ihr Werk ist vollendet, und beide können, sich trennend, ihrer Wege gehen. Das Mädchen den Weg der Jugend hinaus, aufbrechend in die gefährliche Welt, und der Künstler, dem Ende nahe, bleibt zurück mit seiner Skulptur, mit Gefühlen von Trauer und Abschied, um seinen eigenen, den letzten Weg wissend.

Die letzte Frage allerdings lässt der Regisseur für den Zuschauer offen, indem er mit einem prägnanten Geräusch stilsicher den Schlussakkord setzt.

„Der Schmetterling“ – Ein Zauber der Begegnung und Verwandlung[9]

Ein Film von Philippe Muyl, 2002

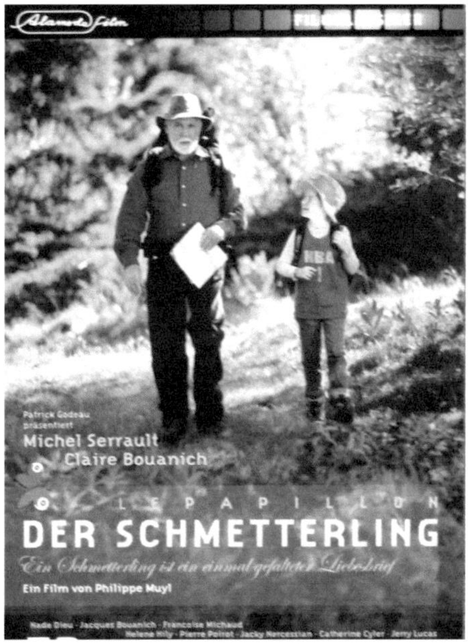

Ein Film, leicht, bunt und beschwingt wie ein Schmetterling, aber auch voller Veränderung und Wandlung – ein Herz erwärmendes Stück Poesie.

In den letzten Jahren hat das französische Kino etliche Filme präsentiert, die sich mit Themen um Kindheit und Jugend beschäftigt haben. Filme wie “Die Kinder des Monsieur Mathieu“ oder „Monsieur Ibrahim und die Blumen des Koran“ sind mit großem Erfolg nicht nur in den Programmkinos gelaufen; bei uns weniger bekannt ist “Der Schmetterling“, sozusagen ein Geheimtipp. Bei aller Ernsthaftigkeit, mit denen sich diese Filme mit den Problemen, Fragen und Nöten von Kindern auseinandersetzen, mit Fragen der Erziehung und dem Verhältnis zwischen Alt und Jung, lassen sie dabei jedoch eine Atmosphäre anklingen, in der Optimismus und Hoffnung auf gelingende Beziehung und Entwicklung durchscheinen.

Dies war nicht immer so. Wirft man einen Blick in die Geschichte des französischen Nachkriegsfilmes in diesem Genre, fällt auf, dass diese Filme oft in bedrückender Atmosphäre und manchmal geradezu niederschmetternd die Bedrängnis, die Not und das Elend von Kindern vor Augen führten. Am eindrücklichsten ist dies in François Truffauts Erstlingswerk „Sie küssten und sie schlugen ihn“, jener Geschichte eines von Eltern und Lehrern vernachlässigten Jungen, der dabei mit einer erschütternden Grausamkeit und Gleichgültigkeit von Seiten der Erwachsenen konfrontiert ist. Vielleicht erinnert sich mancher Filmfreund, wie in „Der Krieg der Knöpfe“ die rivalisierenden Kämpfe zweier Jungengruppen zwar durchaus liebenswert und amüsant gezeigt werden, wie aber hinter dem „Krieg“ der Kinder das individuelle Schicksal ihres Anführers deutlich wird, auch er durch die gewalttätige Brutalität des Vaters schwer gezeichnet. In gewisser Weise trifft diese Tristesse und Ausweglosigkeit auch noch auf Louis Malles „Auf Wiedersehen Kinder“ zu, in dem die Beteiligten in aller Unschuld schuldig werden und ein Bild der Tragik der Freundschaft gezeichnet wird.

So eindrücklich die frühen Filme waren in ihrem Mangel an Bezogenheit zwischen Erwachsenen und Kindern, in einer nicht vorhandenen oder doch kaum wahrnehmbaren Wechselwirkung zwischen den Akteuren, letztlich in ihrer Schwere und Starre, so auffallend ist, wie neu und ganz anders Kinder in den aktuelleren Filmen gesehen werden.

Plötzlich tritt das Moment der Beziehung und Veränderung, das der Möglichkeit zur Entwicklung ins Zentrum des Geschehens. Nun erhalten Kinder eine neue Rolle, ja Aufgabe. Als ob die Alten geradezu darauf gewartet hätten.

Ein bekanntes Motiv: Der alte Mann und das Kind

Die Story des „Schmetterlings“ orientiert sich an einem durchaus bekannten Motiv: der alte Mann und das Kind. Sie ist überschaubar zu erzählen, obwohl der Zuschauer bald merkt, dass über die Konfrontation der Generationen hinaus, wie so oft, noch eine andere Geschichte erzählt wird.

Ein achtjähriges Mädchen, Elsa, Kind einer sehr jungen, alleinerziehenden, überforderten Mutter und von dieser arg vernachlässigt und oft vergessen, begibt sich mit ihrem Nachbarn Julien, einem allein lebenden und in einsamer Routine erstarrten alten Mann, gegen dessen Willen auf eine Exkursion. Julien, ein leidenschaftlicher Schmetterlings-Sammler, sucht einen sehr schönen, aber seltenen Nachtfalter namens Isabelle. Dieser Falter, der nur an wenigen Tagen im Frühsommer fliegt und nur drei Tage und drei Nächte lebt, fehlt ihm in seiner mit Akribie und Leidenschaft erstellten Sammlung. Julien freut sich auf eine längere Wanderung in die Schönheit und Einsamkeit der Berge. Elsa erfährt von der geplanten Reise. Sie schleicht sich heimlich in Juliens Auto und wird von diesem zu spät entdeckt. Nur zu gern würde er den blinden Passagier wieder

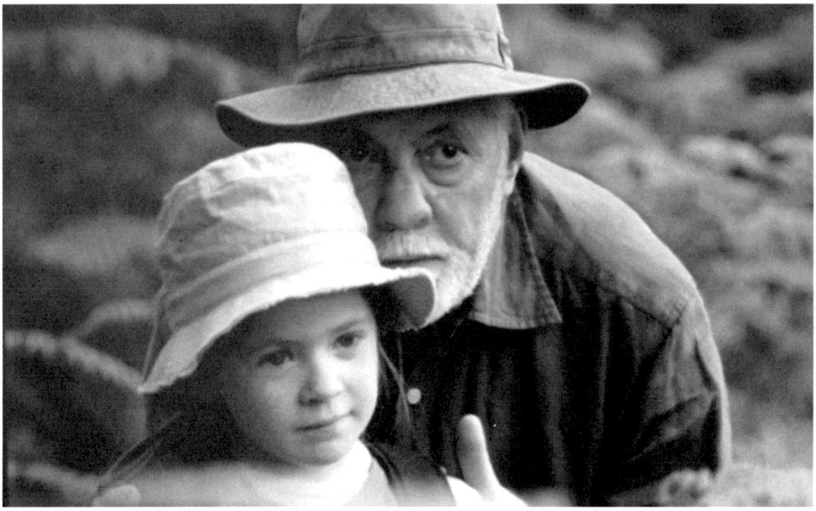

Die kleine Elsa (Claire Bouanich) und der alte Eigenbrötler Julien (Michel Serrault) auf der Suche nach dem Schmetterling.

loswerden. Aber, wie nicht anders zu erwarten, bei Elsas Mutter geht niemand ans Telefon. Auch kriegt er es nicht übers Herz, die Kleine der Polizei zu übergeben, da sie dann wieder ins Kinderheim komme. Außerdem hat das p?f?ge Gör Juliens Handy manipuliert und unbrauchbar gemacht. Also machen sie sich gemeinsam auf den Weg in die Berge, der alte Sonderling (souverän in einer Paraderolle Michel Serrault) und die kleine Elsa (naiv bezaubernd: Claire Bouanich).

Und damit fängt das Abenteuer für die beiden ungleichen Gefährten an: für den alten Eigenbrötler auf seiner geheimnisvollen Suche nach einem Schmetterling und für das Großstadtmädchen, das so gar nichts von der Natur kennt – sie weiß nicht, wie eine Kuh aussieht, sie kennt kein Gräschen und kein Blümchen. Aber auch das Abenteuer der Veränderung beginnt. Und plötzlich wird spürbar, wie das „Schmetterlings-Prinzip", die Metamorphose, beginnt, den Film zu durchziehen. Ein Prozess der Wandlung kommt in Gang.

Julien macht sich auf anstrengende Zeiten gefasst, und die folgen in der Tat. Ganz nach seiner Überzeugung, dass Kinder zuerst ein Traum seien, dann aber zum Albtraum würden, nervt den Alten das neugierige und ständig fragende Mädchen, das beim Wandern auf ihren Gameboy starrt und dabei unablässig plappert, sodass er sogar Gefahr läuft, die bisher so sichere Orientierung zu verlieren. Zunächst zeigt er sich wenig einfühlsam und auf seinen Plänen beharrend. Dennoch scheint Julien zunehmend von den Fragen des Mädchens angesprochen zu sein, scheint er etwas von der Not des einsamen Kindes zu spüren, denn nach anfänglichem Widerwillen steht er ihr immer geduldiger Rede und Antwort. Es ist, als ob sich die beiden Gefährten ständig in wechselseitiger Zu- und Abneigung umschleichen. Sind ihre Wortwechsel anfangs in erster Linie noch von Altklugheit beziehungsweise von mürrischem Erklären gekennzeichnet, so gewinnen sie fortschreitend dialogische Qualität und beeindrucken bald durch ihre fast schon philosophische Tiefe und Pointierung.

Aber worauf beruht solcherlei Wandel?

Verlassen wir für einen Moment das Geschehen des Films und versuchen mit einigen Gedanken, psychologische Vorstellungen für die sich anbahnende Wandlung zu finden: Auch wenn sich der alte Julien und die kleine Elsa ganz persönlich und real begegnen und erleben – zuerst als neue Nachbarn, dann als mehr oder weniger freiwillige Weggefährten – scheint in beiden – auf einer anderen, tieferen Ebene – schon bald etwas Wesentliches zum Tragen zu kommen, etwas, das Kraft und Entwicklung verspricht.

Unter dem Blickwinkel der Analytischen Psychologie betrachtet, könnte man sagen, dass fortan Begegnungen auf zwei Ebenen stattfinden. Auf der persönlichen begegnen sie sich als Elsa und Julien, auf der kollektiven Ebene ist es eine je eigene Begegnung mit dem archetypischen Motiv des Alten und dem Motiv des Kindes. Und tatsächlich scheint Julien die Energie zu spüren, die vom Kindarchetyp ausgeht und zu ahnen, dass er diese braucht, um seinem in verkrusteten Bahnen verlaufenden Leben Gelegenheit zu Lebendigkeit, Wandlung und Erneuerung zu eröffnen. Elsa ihrerseits wiederum „weiß" um das archetypisch-hilfreiche Potenzial des Alten, um die Orientierung vermittelnde und die Entwicklung fördernde verlässliche (Groß-)Vatergestalt.

Und just in der Begegnung zeigen sich bei beiden die dafür nötigen Fähigkeiten: Bei Elsa wird jenes im Menschen angelegte Potenzial geweckt, den anderen zu suchen. Aber auch beim so starr und festgelegt wirkenden Alten zeigt sich in der Begegnung mit dem Mädchen seine vorhandene, wenn auch verschüttete und erstarrte Fähigkeit zu Väterlichkeit, – eine persönliche „Restschuld", an der er schwer zu tragen hat.

Um den für ein Lebendig-Werden der Beziehung nötigen Prozess der allmählichen Annäherung und der Abstimmung zu verfolgen, kehren wir an dieser Stelle wieder zum Film zurück, denn die Sequenzen, welche dies zeigen, gehören zum Eindrücklichsten, was der Film zu bieten hat. Sie verdeutlichen besser als viele Worte, wie der Prozess der wechselseitigen Abstimmung verläuft: In ruhigen, einfühlsamen Einstellungen wird gezeigt, wie sich die beiden einschwingen auf einen gemeinsamen Dialog.

Da der Zuschauer den Fortgang der Geschichte ahnt, kann sich der Film Auslassungen erlauben. Er gewinnt dadurch Zeit. Zeit, die er dazu nutzt, ohne Hast und geradezu respektvoll dem Betrachter dieses Geschehen vor Augen zu führen, ihn daran teilhaben und mit(er)leben zu lassen.

Faszinierend und in wunderbaren Bildern sind im Gesicht des Mädchens ihre Gefühle eingefangen, ist zu sehen, wie es voller Ausdruck und Erwartung „spricht", über weite Strecken ohne Worte, reine Mimik, pure Energie, geballtes Werben um Beziehung. Zu sehen ihr strahlendes Lächeln, ihre fröhlich-fragenden, manchmal zweifelnden Augen, ein Gesicht, in dem ein ganzes Spektrum an Gefühlen, an Trauer und Enttäuschung, Kummer und Scham eingefangen ist, vor allem aber Interesse, Hoffnung und Mut zum Ausdruck drängen. Es ist, als belagere Elsa den Alten geradezu mit ihren Emotionen. Meist geschieht dies ohne Worte ... und sie stößt auf Resonanz.

Auch Juliens markanteste Versuche der Abstimmung geschehen in dieser Zeit im Wesentlichen nicht verbal, vielmehr über sein Handeln, über Blicke und Gesten. Dabei ist interessant und vergnüglich zu verfolgen, wie sie sich gegenseitig ihre Signale auf ihre emotionalen Qualitäten hin entschlüsseln und sie in dialogische „Sprache" fassen. Wenn Julien im Laufe einer Unstimmigkeit die Kleine an ein Seil bindet und hinter sich her führt, – sie lässt das murrend geschehen – mutet die Szene an, als ob sie uns etwas über „gelungene Festhaltetherapie" oder sicheres Gebunden-Sein mitteilen wollte. Vielleicht zeigt sich darin aber auch, wie wichtig es Julien ist, seine „Seelenbegleiterin" sicher bei sich zu haben.

Ähnlich der allmählich wachsenden Bezogenheit zwischen Elsa und Julien, wird der Zuschauer im Geschehen des Films mitgenommen. Fast könnte man sagen, dass auch er zunehmend Teil des Wandlungsgeschehens wird. Bald sieht er nicht mehr in erster Linie den wunderlichen Alten und das vernachlässigte Kind, sondern tritt geradezu in Beziehung zu ihnen. Je mehr in diesen wieder Möglichkeiten zu Kommunikation und

Austausch wachsen, desto mehr wächst das Interesse, hinter Juliens bröckelnden Panzer zu schauen. Allmählich ist nicht mehr nur Elsas Trauer über noch nicht gefundene Liebe zu erkennen, vielmehr kann jetzt auch die Starre und leise Bitterkeit des Alten in einem Zusammenhang mit seiner Trauer über verloren gegangene Liebe vermutet werden, und das macht zunehmend neugierig, ist letztlich spannend.

Zu schön, um wahr zu sein? Vielleicht hat sich inzwischen die Befürchtung eingeschlichen, der Film könne in Sentimentalität, gar in Kitsch entgleiten. Dem entgeht die Regie, indem sie stilistische Feinarbeit leistet und immer wieder unerwartet die „Tonlage" ändert. Droht eine Sequenz zu idyllisch zu werden, wechselt sie mit Sicherheit zur widerborstigen Wirklichkeit, besteht die Gefahr, dass die Stimmung einer Szene ins allzu Melancholische kippt, findet die nächste, meist von leisem Humor oder gar Komik geprägt, wieder die Balance.

Die Kraft der Metamorphose

Und der Fortgang der Geschichte, ihr Ende? Ja, die beiden finden tatsächlich den ersehnten Isabelle-Falter, um ihn aber sogleich durch Elsas Unachtsamkeit wieder zu verlieren. Aber das ist für den Ausgang der Geschichte nicht mehr allzu wichtig. Inzwischen weiß der Zuschauer: Zwar suchen Julien und Elsa einen Schmetterling, aber sie finden eine Freundschaft. Und es ist so, als ob jeder seinen persönlichen Schmetterling, seine eigene Seele, fände – und damit wird der Schmetterling seiner symbolischen Bedeutung gerecht. Er hat die Kraft der Metamorphose entfaltet: Wie die der Todesstarre verhaftete Puppe sich zum strahlend bunten Flügelinsekt verwandelt, wachsen auch Julien und Elsa aus sich heraus, haben sich aus dem Kokon ihrer Verlassenheit und Einsamkeit befreit.

Der „Zufall", dass sie sich gemeinsam auf den Weg machen, dass sie sich auf dieser Reise begegnen und sich berühren, kann jene Wandlung bewirken, die es ihnen ermöglicht, sich der inneren Not zu stellen und diese auszuhalten, weil sie sich nun im Du gehalten fühlen. Wenn Julien jetzt den Schmerz seines Lebens betrachten und davon erzählen kann – und endlich das Geheimnis der Schmetterlingssuche gelüftet wird – wenn Elsa ihrerseits preisgibt, sie wisse, dass sie abgetrieben werden sollte, wenn sie sich darüber unterhalten, was ein Leben groß macht und was klein, wann es lang ist und wann kurz, entfaltet der Schmetterling seinen ganzen Zauber.

Aber war da nicht noch Elsas Mutter? Randfiguren laufen Gefahr, aus dem Auge verloren, gar vergessen zu werden, so auch Elsas Mutter. Das soll hier nicht geschehen. Obwohl nicht an der Suche nach dem seltenen Schmetterling beteiligt, entfaltet auch sie sich aus dem Kokon ihrer „Stiefmütterlichkeit". Verwandelt durch ihre Angst und Sorge um Elsa, erscheint sie am Ende als Mensch neu und liebenswert. Und zu unserer Überraschung: Auch sie heißt Isabelle. Märchenhaft?!

Übrigens: Lassen Sie sich den Abspann des Films nicht entgehen er ist lohnenswert!

„Chocolat"– Eine himmlische Verführung[10]

Ein Film von Lasse Hallström (2000)

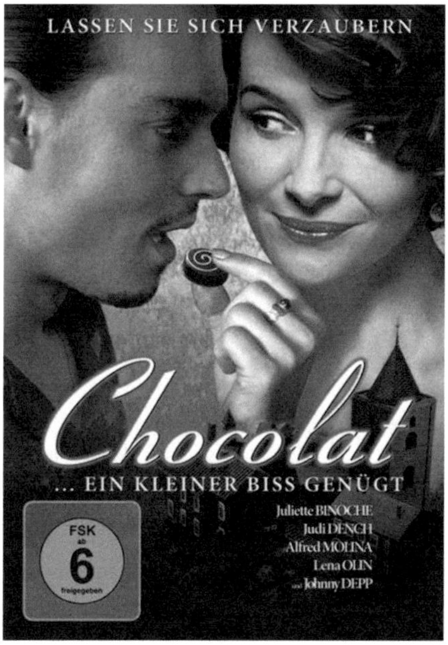

Kleinstadt- und Dorfidyllen sind für Filmemacher immer wieder ein faszinierendes Szenario. Man denke an Filme wie *Lang lebe Ned Divine* oder *Butcher Boy*. Meist wird eine Vielzahl von schrulligen Typen gezeigt, die problemlos eine Fülle von interessanten Geschichten ergeben. Der Blick auf das Dorf ist häufig romantisierend, negative Seiten des Provinzlebens werden ausgeblendet. Ähnlich und doch anders zeigt sich *Chocolat*, ein Film des Regisseurs Lasse Hallström (*Gottes Werk und Teufels Beitrag*) aus dem Jahr 2000.

Es war einmal. . .

> *Es war einmal ein kleiner, stiller Ort mitten auf dem Lande in Frankreich. Die Menschen dort glaubten an Tranquilité, an Ruhe. Jeder, der an diesem Ort lebte, wusste, was von ihm erwartet wurde, jeder wusste, was er zu tun und zu lassen hatte. Und vergaß man es einmal, gab es stets jemanden, der ihn daran erinnerte. Wenn man etwas sah, was man nicht sehen sollte, so lernte man weg zu sehen. Und wurden Hoffnungen einmal enttäuscht, lernte man, sich niemals zu beklagen. In guten wie in schlechten Zeiten, in mageren und fetten Jahren hielt sich die Gemeinschaft streng an ihre Gewohnheiten. Bis eines Wintertages ein eisiger Wind aus dem Norden wehte. .*

Einführende Sätze aus dem Off – ganz im Stil eines Märchens, dazu die ersten Bilder, die diese Worte unterstreichend begleiten: Ein Schwenk über die Dächer des Städtchens, der Blick schweift hin zur Kirche, es ist Sonntagmorgen, die Menschen gehen wie gewohnt zur Messe, wo sie von einem gravitätischen Herrn mit würdevoll-wichtiger Miene begrüßt werden. Der Blick geht zum Gottesdienst und einige der späteren Protagonisten werden „vorgestellt“: Inbrünstig singende Frauen, dösende Männer, ein heimlich kritzelnder Knabe: Bilder, gemalt mit einem Augenzwinkern, wie so manches in der nachfolgenden Geschichte - fast eine Idylle.

Wenn da nicht das Wetter wäre. Denn das ist alles andere als idyllisch. Ein eisiger Wind aus dem Norden tobt durch die Gassen, so heftig, dass er die Kirchentür mit Gewalt aufdrückt. Zwar eilt der bereits bekannte Herr herbei, um sie hurtig zu schließen, dennoch erschauern die Gottesdienstbesucher, als ob sie ahnten, dass da keine sanfte Brise bläst, sondern der Sturm die behäbige Idylle aufwirbeln wird.

Eine geheimnisvolle Fremde

Und mit dem stürmischen Nordwind wird die geheimnisvolle Vianne Rocher (Juliette Binoche) mit ihrer kleinen Tochter Anouk (Victoir Thivisol) in das französische Städtchen Lansquenet-sous-Tannet geweht. In ihren roten Capes leuchten sie wie die Verheißung von Sünde und Verführung. Die beiden mieten von Armand Voizin (Judi Dench), einer einsamen, verbitterten, scharfzüngigen Witwe eine leer stehende Bäckerei, und das direkt gegenüber der Kirche. Damit ist die Ausgangsposition geklärt, scheinen mögliche Fronten aufgezeigt. Ganz Lansquenet und mit ihnen der Zuschauer rätselt über die Pläne der Neuankömmlinge.

Als Vianne ihren Laden am Valentinstag eröffnet, entpuppt er sich als bezaubernde Chocolaterie, exotisch dekoriert, gefüllt mit verlockenden Köstlichkeiten - himmlische Verführung und skandalöse Versuchung zugleich. Und dies ausgerechnet mitten in der Fastenzeit. Die Bewohner sind geschockt. Vor allem aber beschwört Vianne den Zorn jenes würdevollen Herrn herauf, des Comte de Reynaud, streng gläubiger Bürgermeister des Städtchens und selbst ernannter Wächter über Sitte und Anstand.

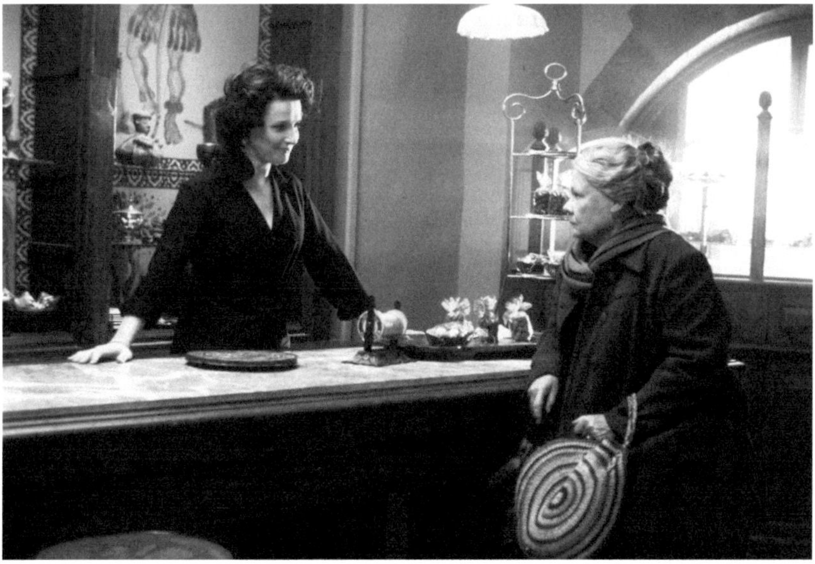

Der geheime Treffpunkt für intime Bedürfnisse und Sehnsüchte.
Vianne Rocher (Juliette Binoche) im Gespräch mit Armand Voizin (Judi Dench).

Der geheime Treffpunkt des Ortes

Dennoch trauen sich die ersten Kunden in den Laden, zwar voller Argwohn, aber auch äußerst neugierig. Schon bald wird Viannes Geschäft der geheime Treffpunkt des Ortes, in den jeder seine Hoffnungen und Träume trägt. Nicht nur der süße Reiz des Neuen, die unwiderstehlichen Köstlichkeiten voll geheimnisvoller Ingredienzien, auch Viannes Charme, ihr magisches Gespür für die verborgenen Wünsche ziehen die Menschen an. Nach und nach lernt Vianne die wohlanständigen Bewohner kennen als Menschen, die vielerlei Sorgen und Nöte mit sich herumschleppen, aber auch Sehnsüchte in sich bergen.

Da ist Armande, allein lebend, verbittert, mit abgebrochenem Kontakt zu ihrer Tochter und ihrem Enkel. Da ist ihr Enkel Luc, kränklich, an seine überängstliche Mutter Caroline gefesselt. Da ist das Ehepaar, deren Liebe in langen Jahren erloschen ist, einander entfremdet, freudlos und brummig nebeneinander her lebend. Da ist Josephine Musquat (von Lena Olin eindrücklich gespielt), eine krankhafte Diebin, von den Mitbürgern für verrückt gehalten, vom trinkenden Mann gedemütigt und geprügelt.

Da ist Guillaume, ein einsamer Alter, der sich in seiner unerwiderten Liebe zu einer Witwe verzehrt.

Eindrücklich ist zu verfolgen, wie die Menschen angesichts von Viannes Offenheit, ihrer Freundlichkeit, ihre Geschichte ausbreiten, wie die Figuren zum Leben erweckt werden. So entsteht nicht nur eine bissige Satire über das Leben der Menschen in einer (französischen) Kleinstadt, gezwängt in rigide religiöse und kollektive Normen und von lokalen weltlichen und kirchlichen Würdenträgern beherrscht, sondern ein Film über Konflikte der Menschen, über Liebe und Trauer, über ihre Enttäuschungen und Hoffnungen.

Von den meisten Kritiken werden diese Aspekte ins Zentrum ihrer Betrachtung gestellt. Sie betonen den Reiz der Geschichte, die von vielen amüsanten, tragischen oder romantisch angelegten Nebencharakteren lebt. Sie sehen den Film als eine spezielle Mixtur aus Witz und Weisheit, Liebe und Leidenschaft, Bigotterie und Toleranz, im ewigen Kampf zwischen Fortschritt und Tradition,

Klar, dass sie auf Juliette Binoche in der Rolle der Vianne focusieren. Zurecht! Denn durch sie wird diese Figur großartig verkörpert (und von der Kamera wunderbar ins Bild gerückt). Wenn sie den Kunden ein Praliné entgegenstreckt und lacht, dann zaubert sie eine umwerfende Magie auf die Leinwand, die alles um sie verwandelt. Nicht verwunderlich, dass sie eine Atmosphäre schafft, in der sich den Kunden zusehends Spielräume und Entwicklungsmöglichkeiten ergeben.

Meist unbeachtet bleibt jedoch, dass Viannes Zauber aus einem Auftrag kommt, der ihr Leben bestimmt, dass sie mit Anouk mit dem Nordwind her geweht wurde. Von Stationen ihres Lebens in Andalusien, in Pavia und Wien wird berichtet - Getriebene, heimatlos? Was treibt sie?

Die Speise der Götter

Schokolade sei die „Speise der Götter" sagen die Mythen, die sich darum ranken. Schon immer hat es geheißen, Schokolade könne Emotionen hervorbringen und verstärken, setze Fantasien frei, sei aphrodisierend, mache glücklich. Auch Viannes magische Pralinés scheinen derart zu wirken: beim einen wie ein Mittel zur Steigerung seiner Lust, dem anderen verhelfen sie zu mehr Liebenswürdigkeit, der nächste schöpft neuen Mut. Es wird berichtet, auch Juliette Binoche sei ihrerseits von der Rolle als Schokoladenmagierin derart verzaubert gewesen, dass sie zur Vorbereitung auf diese die berühmtesten Schokoladenmanufakturen besucht habe, wo sie versuchte, die Kunst der Herstellung von Pralinés zu studieren und sich überdies in die Werke der Mayas vertiefte.

Schon diese sahen in der Kakaobohne ein „Geschenk des Himmels". Sie schrieben ihr magische Kräfte zu und verwendeten sie, um aus ihr und zugesetzten Gewürzen ein Getränk herzustellen, das bei Ritualen, bei Zeremonien und als Medizin eingesetzt wurde. Später erweiterten die Azteken das Rezept, indem sie es mit Vanille und Honig süßten. Sie nannten das Getränk xocoatl.

Eine Spur führt zurück

So führt eine Spur zurück zu den Mayas, denn diese spielen in der Lebensgeschichte Viannes eine zentrale Rolle. Den Schleier des Geheimnisses lüftet Anouks Lieblingsgeschichte von *Grandmère und Grandpère*, die Vianne ihr immer wieder erzählen muss:

Der Großvater war Apotheker, jung, beliebt, wohlhabend, aber er war nicht zufrieden. Das Leben musste mehr zu bieten haben. Deshalb ergriff er die Gelegenheit, an einer Forschungsreise nach Mittelamerika teilzunehmen, welche die Wirkung von Naturheilmitteln erforschen wollte. Doch das Abenteuer nahm eine unerwartete Wendung. Eines abends bekam er einen Kakao mit einer Prise Chili, das gleiche Getränk, das die Mayas bei ihren heiligen Zeremonien tranken. Die Mayas glaubten, Kakao hätte die Macht, verborgene Sehnsüchte frei zu setzen und Schicksale zu offenbaren. Und so kam es, dass Großvater Chitza bemerkte. Sie war eine Nomadin, ihre Familie zog mit dem Nordwind von Ort zu Ort, verteilte die alten Heilmittel und wurde nirgends sesshaft. Zunächst war es eine große Freude. Großvater ging mit Chitza nach Frankreich zurück, und sie waren sehr glücklich, Doch der listige Nordwind hatte andere Pläne. Denn eines Tages war die Mutter mit ihrer Tochter Vianne fortgegangen. . .

Damit wird deutlich, dass das unstete Leben ihrer Nomaden-Mutter für Vianne zur inneren Verpflichtung wurde, dass sie einem Mythos transgenerationell freudig Folge leistet. Auch sie muss immer wieder aufbrechen und mit dem Nordwind weiterziehen, von einem Ort zum anderen - mit jenem Wind, von dem es hieß, er komme aus dem Reich der Toten und überbringe die Botschaft der Ahnen. Vianne hat diesem Auftrag zu entsprechen, hat die Aufgabe, die geheimen Sehnsüchte der Menschen zu erfüllen, für sie allerdings um den Preis der eigenen Heimatlosigkeit.

Armandes Fest

Dieser Mission entsprechend, werden auch die Protagonisten der Geschichte von ihrer Last befreit und gewinnen neue Lebensfreude. Anlässlich von Armandes 70. Geburtstag feiern sie ein Fest - ein sinnenfreudiges Spektakel, die Speisen ein Augenschmaus. Als sich die Festgesellschaft anschließend ausgerechnet auf dem Boot des angelandeten Vagabunden Roux (Jonny Depp) - auch er ein Fremder–zum ausgelassenen Tanzen versammelt, sieht der Bürgermeister, der das Geschehen aus der Ferne beobachtet, seinen Feldzug gegen das sündhafte Treiben verloren. Voll Entsetzen raunt er seinem Begleiter zu: „Es muss etwas geschehen!" Ob unbedachte Äußerung oder Aufruf zum Pogrom: Es kommt, wie es kommen muss. In der Nacht wird auf das Schiff der Fremden ein Anschlag verübt. Das Schiff wird in Brand gesetzt. Zwar stellt sich heraus, dass niemand zu Schaden gekommen ist, dennoch herrschen großes Entsetzen und Ratlosigkeit.

Vom Entsetzen gepackt brechen bei Vianne alte Wunden auf. Wieder einmal steht Aufbruch und Abschied an. Der Nordwind kommt auf, versucht sie weiter zu treiben, wie schon so oft. Es scheint, als könne sie sich auch diesmal nicht vom Auftrag der Ahnen befreien, komme nicht aus den negativen Aspekten des Mutterkomplexes heraus – verstoßend und doch festhaltend. Ihr Kampf um Befreiung blieb bislang gut verborgen, aber konfrontiert mit dem Schmerz, spitzt er sich dramatisch zu.

Zwar ist der Comte, was Strenge und Moral betrifft, ein Gegenspieler Viannes. Doch je länger je mehr wird deutlich, dass auch er in der Tradition seiner Altvorderen gebunden ist. Steht bei Vianne der Nordwind sinnbildlich für das Getriebensein im Auftrag der Ahnen, so kann bei Comte de Reynaud das auf dem zentralen Kirchplatz stehende Monument als solches gesehen werden, das riesige Standbild eines Vorfahren, der vor langer Zeit im Kampf gegen Ketzerei und Häresie die Hugenotten aus dem Ort vertrieben hat. So lebt auch der Comte, ähnlich wie Vianne, im Schatten seiner Vorfahren und dies in des Wortes wahrer Bedeutung.

Zweifache Befreiung

Alle Anstrengungen des Bürgermeisters, Sitte und Tugend zu retten, sind gescheitert, der Frieden in seinem Städtchen endgültig in Frage gestellt. Angesichts dessen packt ihn die blanke Wut. Der vermeintliche Auslöser allen Übels muss ausgemerzt werden: die Chocolaterie samt ihren Schätzen. Deshalb steigt er höchstpersönlich des Nachts in den Laden ein, wo er in rasendem Zorn alles kurz und klein schlägt. Szenen, wüst und erschreckend, aber auch grotesk, humorvoll und mit einer Brise Schadenfreude. Denn bei dieser Orgie der Wut und Destruktion schluckt der Comte unversehens ein Stückchen der verhassten Schokolade – diesem Symbol der Versuchung, der Zuneigung und Wertschätzung. Und er kommt auf den Geschmack, mehr noch, die Wutorgie schlägt um in eine des gierigen Genusses.

Völlig erschöpft von diesem Triebdurchbruch fällt er in einen tiefen (heilenden) Schlaf, und wird am nächsten Morgen im Schaufenster liegend vom Pfarrer Père Henri und von Vianne gefunden. Was Wunder, dass er sich nicht nur schämt, auch er ist verzaubert, seine Verbitterung schmilzt wie Viannes Schokolade, die Fassade beginnt zu bröckeln.

Auch Vianne hat den Drang zu handeln. Überstürzt will sie die Stadt bei Nacht und Nebel verlassen. Hastig wird der Koffer gepackt, die Tochter zur Eile gemahnt. Anouk aber will nicht fort und wehrt sich mit Händen Füßen dagegen.

Mitten in diesem Handgemenge öffnet sich der Koffer, und die tönerne Urne mit der Asche ihrer Mutter, die Vianne immer mit sich herumgetragen hat, fällt heraus und zerschellt am Boden. Vianne steht wie angewurzelt, wie gelähmt und versteinert, was die Kamera in einer langen Einstellung eindrücklich festhält. Das Kind, des unsteten Lebens leid, spürt seit langem die Last des Fluches, des Getriebenseins und lehnt sich dagegen auf.

Durch die Kraft der kindlichen Auflehnung werden in Vianne schmerzhafte Erinnerungen an die eigene leidvolle Kindheit geweckt, und plötzlich bricht Sehnsucht auf nach Liebe, Freundschaft und Beziehung, nach Aufgeben des ewigen Weiterziehens. Zwar noch ganz im Bann des Schreckens, kratzt das Mädchen die Asche zusammen, doch die Urne, Sinnbild des Fluches, ist zerbrochen.

Auch wenn der listige Nordwind immer noch lockt mit Städten, die noch zu besuchen sind, von Freunden in Not, von Kämpfen, die es noch auszufechten galt, widersteht ihm Vianne, und eines Tages gelingt es ihr, ihm die Asche anzuvertrauen, so dass er sie mit nimmt, zurück ins Reich der Toten.

Und so kam es, dass der Nordwind es leid wurde und seines Weges zog. Der Sommer kam und mit ihm eine leichte und warme Brise aus dem Süden.

Es war einmal...
Fürwahr eine Geschichte mit der heilsamen Kraft eines Märchens.

Lunana – Das Glück liegt im Himalaya[11]

Ein Film von Pawo Chovning Dorji, 2022

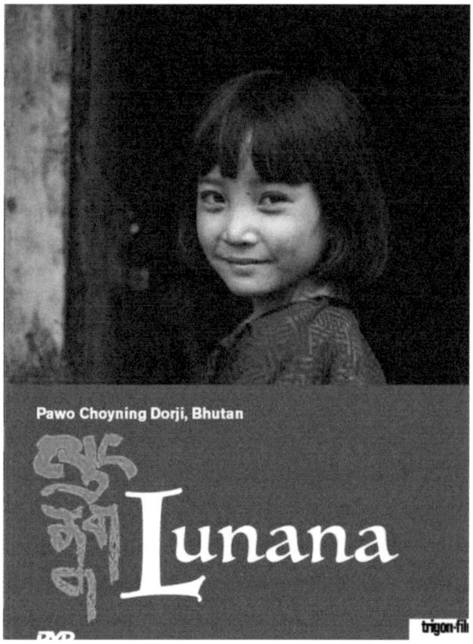

„Das Glück liegt im Himalaya" – muss ein solch kitschiger Untertitel nicht irritieren, gar verschrecken? Das Regiedebut des bhutanischen Schriftstellers, Fotografen und Filmemachers Pawo Choyning Dorji: ein Werk in der Art traditioneller Heimat- und Bergfilme? Mit einer Bergwelt, die üblicherweise als Kulisse für dramatische oder pathetische Handlungsstränge dient, oft idyllisch als Sehnsuchtsort nach einer heilen Welt verklärt, wobei diese idealisierte Heimat- und Bergwelt häufig im Gegensatz zur Dekadenz der Menschen aus der Stadt gesetzt wird.

Auch in *Lunana* werden spektakuläre Landschaftsaufnahmen gezeigt. Auch hier könnte man einen gängigen Plot erkennen, in welchem ein Städter bei den einfachen Bergmenschen Läuterung und Wandlung erfährt. Aber über die wahrlich wunderschöne Atmosphäre hinaus beeindruckt dieser Film nicht nur dadurch, wie er dem Prozess der Wandlung und Veränderung nachspürt, sondern auch durch seine Authentizität mit dem Thema: Wo finden wir Glück? Was gibt uns Kraft?

„Bruttonationalglück"

Angeblich ist Bhutan das glücklichste Land der Welt. Während sonst auf der Welt das Wirtschaftswachstum und dabei das Bruttoinlandsprodukt als Kriterium zur Messung von gesellschaftlicher Entwicklung dient, hat der König des Königreichs Bhutan schon vor vielen Jahren erklärt, dass für sein Land das „Bruttonationalglück" als Alternative dazu wichtiger sei. Zuerst ein Wortspiel entwickelte sich daraus das Konzept „Gross National Happiness", das seit langem in der Verfassung von Bhutan verankert ist. Diese Idee zielt darauf ab, eine nachhaltige Entwicklung des Landes zu ermöglichen, die auf den Säulen Schutz der Umwelt, Bewahrung und Förderung kultureller und spiritueller Werte, Verbesserung der Gesundheits- und Bildungssituation des Landes beruht. Es soll dazu führen, die Lebensbedingungen der weniger begünstigten Menschen im Land zu verbessern.

Trotz solcherlei Bemühungen verlassen inzwischen viele vor allem junge Menschen ihre Heimat, das Land des Glücks, um in den Glitzerstädten der Welt ihre eigene Lesart von Glück zu suchen.

Von einer solchen Reise ins Glück träumt auch der junge Ugyen (Sherab Dorji), der in Thimphu, der Hauptstadt Bhutans, lebt und die Hoffnung hat, in Australien Karriere als Sänger zu machen, denn seinen Job als Lehrer mag er ganz und gar nicht. Voller Sehnsucht wartet er nur noch auf sein Visum für dieses Abenteuer. Allerdings muss er eine ganz andere Reise antreten, denn er wird vom Schulministerium dazu verpflichtet, sein letztes Ausbildungsjahr als Lehrer in einem Dorf in der Lunana-Hochgebirgsregion zu absolvieren. Lunana bedeutet „das dunkle Tal". Sein Name kommt daher, dass es am hintersten Ende des Landes liegt, nah der Grenze zu Tibet, und „so weit entfernt ist, dass nicht einmal das Licht es erreicht". Dort steht im Dorf Lhedi in über 4000 Meter Höhe die wohl abgelegenste Schule der Welt.

Treck in eine fremde Welt

Widerwillig macht sich der junge Mann auf den Weg in eine Welt, die sich in jeder Hinsicht von seinem modernen Umfeld unterscheidet. Wie stark Ugyen den angesagten Segnungen des Fortschritts verpflichtet ist, zeigen die Bilder seiner schier endlosen Busfahrt nach Gasa, dem letzten Ort, der noch mit dem Bus zu erreichen ist. Während der Zuschauer verzaubert ist von der Landschaft, würdigt Ugyen sie keines Blickes, ja er nimmt sie überhaupt nicht wahr, denn stets ist er mit Smartphone und Kopfhörer beschäftigt.

Im kleinen Dorf Gasa, Endpunkt der Busfahrt und Ausgangspunkt eines achttägigen Fußmarsches in die Berge wird er von zwei Yakhirten aus

Lhedi und ihren Maultieren erwartet. Sie sollen den unerfahrenen Junglehrer aus der Stadt auf seinem Treck in ihr Bergdorf führen. Eindrücklich wie der Film den beschwerlichen Marsch Ugyens begleitet, entlang von Flussläufen, durch Matsch und Schlamm, über windige Bergpässe, und wie dieser missmutig sich geradezu demonstrativ von seinen Begleitern abwendet, immer seiner geliebten Musik auf dem Headset lauschend – bekannte Klänge aus seiner Welt, die ihm ein Stück weit Sicherheit geben. Nicht ohne Humor zeigen die Bilder diese Distanz zwischen dem abweisend-verschlossenen jungen Mann und den ihm freundlich zugewandten Yakhirten.

Als ob er diese eigenartige Atmosphäre ausgiebigst festhalten wolle, verfolgt der Film den langen Aufstieg in vielerlei Szenen. Dem einen oder der anderen mögen diese Sequenzen zu lang vorkommen. Doch es scheint, als habe sie der Regisseur mit Bedacht derart gestaltet, denn sie sind als Exposition für das weitere Geschehen von Bedeutung.

Während die Zuschauer und Zuschauerinnen – bequem im Kinosessel sitzend – verzaubert sind durch die Landschaft, beeindruckt von der Freundlichkeit der Begleiter, ergriffen von der Gastfreundschaft der Leute, die in ihren einfachen Hütten der Gruppe Quartier geben und sich rührend um den Fremden bemühen, ist das Verhalten des jungen Mannes demgegenüber merkwürdig. Immer zeigt er sich interesselos, abweisend, nicht erreichbar.

Ja, selbst der enthusiastische Empfang durch die ganze Dorfgemeinschaft weit vor der Ortsgrenze – für das Filmpublikum geradezu überwältigend – kann ihn nicht von seiner ablehnenden Entschlossenheit abbringen. Weder die warmen Begrüßungsworte des würdigen Dorfvorstehers noch die strahlenden Gesichter der kleinen Schulkinder können ihn daran hindern zu erklären, er wolle wieder zurück.

Verlässt man jedoch die behagliche, romantisch-idyllische Zuschauerposition, sind die Abschottung und sture Verschlossenheit Ugyens durchaus nachvollziehbar: In Anbetracht seiner unfreiwilligen Expedition in eine ihm unwirtliche Fremde, gewissermaßen einem *Culture Clash* ausgesetzt, ist seine Haltung verständlich.

Er ahnt, was ihn erwartet: Keine Elektrizität, nicht zu denken an Internetverbindung oder ein funktionierendes Handy, kein fließendes Wasser … ein Plumpsklo – für den jungen Städter wahrlich eine Höllenvorstellung. Als ihm das Dorfoberhaupt stolz die Hütte zeigt, die die

Schule ist und Ugyens Quartier sein soll, verlangt dieser voller Entsetzen, sofort wieder ins Tal gebracht zu werden. Enttäuscht, aber freundlich sagt ihm der Dorfchef zu, seine Männer würden ihn zurückbringen, nachdem sie und die Maultiere sich einige Tage von den Strapazen erholt hätten.

Ein erwarteter Wendepunkt

Und eine solche Atempause hilft nicht nur den Hirten zur Regeneration, auch dem filmischen Geschehen gibt sie Gelegenheit zum erwarteten Wendepunkt. Klar, dass die vom Publikum schon lang vermutete, fast prophezeite Wandlung des Protagonisten hier erfolgt, dass er seine Verschlossenheit aufgeben und sich den Dorfbewohnern gegenüber öffnen wird. Auf den ersten Blick ein vorhersehbares Motiv. Auch das ein Klischee? Nein, denn erst jetzt beginnt der Film jenseits der Culture-Clash-Stereotypen seinen ganz eigenen Charme zu entfalten.

Oft in der Art eines dokumentarisch anmutenden Dorfportraits gedreht, gewährt er aus der Fremdenperspektive des Protagonisten dem Publikum Einblicke in das Alltagsleben der Leute im Dorf Lhedi. 56 Menschen wohnen im Ort, es gibt eine Krankenstation und eine Schule, die meisten Bewohnerinnen und Bewohner haben noch nie ihren Weiler verlassen, und im bitterkalten und schneereichen Winter ist er ohnehin unzugänglich.

Dabei gelingt es dem Regisseur und Drehbuchautor Dorji, sehr lebendig von den Traditionen der Leute, ihren Gepflogenheiten und ihrer Spiritualität zu erzählen.

Er wagt es aber auch, die sozialen Probleme mit ihren Ambivalenzen und Widersprüchen zu zeigen: Nicht nur Menschen, die „arm, aber glücklich" sind, erlebt man, sondern auch elende und betrunkene. Interessant zu sehen, wie wichtig für diese Menschen der Berge der Wunsch nach Bildung ist, damit die Kinder einmal „etwas anderes als Yakhirten oder Pilzesammler sein können", wie der Dorfvorsteher betont oder: „Ein Lehrer kann die Zukunft der Kinder berühren", so die gängige Meinung im Dorf. Bildung ist hier oben ein erstrebenswertes, aber schwer zu erwerbendes Gut, weshalb man dem Lehrer den größten Respekt entgegenbringt.

Berührt durch den Blick

Und was macht der neue Lehrer? Wie gesagt, muss Ugyen bis zum Rückmarsch ins Tal einige Tage abwarten, auch für ihn eine Atempause,

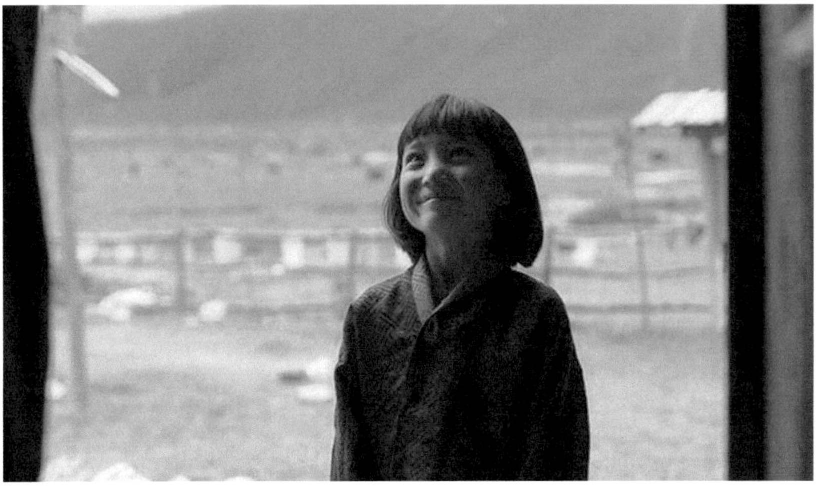

Die 9jährige Pem Zam, „Herr Lehrer, wir warten auf Sie!“

um sich in seinem Quartier zu erholen und endlich auszuschlafen. Doch im Dorf hat der Tag schon lange begonnen. Auch die Schulkinder haben sich in freudiger Erwartung auf den Weg gemacht und versammeln sich vor dem Schulhaus. Die Schüler sind da – der Lehrer fehlt, er schläft. Was tun? Kurz entschlossen klopft Pem Zam, die neunjährige Klassenchefin, an die Tür der Lehrerwohnung.

Und jetzt hält der Film Szenen fest, nein Momente, die faszinieren und bewegen: Ugyen öffnet die Tür, sie stehen sich gegenüber, treffen aufeinander. Hier der Lehrer, müde und mürrisch. Ihm gegenüber in ihrer ganzen Größe das kleine Mädchen. Aufrecht, mit strahlend erwartungsvollem Blick: „Herr Lehrer, wir warten auf Sie.“

Vielleicht ist es nicht zu viel der Interpretation, in dieser Szene einen Gegenwartsmoment im Sinne Daniel Sterns zu sehen. Ein Moment, in dem sich die Psychen zweier Menschen intensiv begegnen und berühren, ja sogar verwandeln. Hier der verschlafene Lehrer, dort die sehnsüchtig blickende Pem Zam. „Ich komme“, sagt er. Vom erwartungsfrohen Blick getroffen, von der ihm nur allzu gut bekannten Sehnsucht überwältigt, ja infiziert, kann er nicht anders, als jetzt doch zu den Schulkindern zu gehen.

In ähnlich emotional dichter Weise reihen sich weitere kleine, flüchtige Ereignisse aneinander. Schlüsselmomente, die Veränderung bewirken!

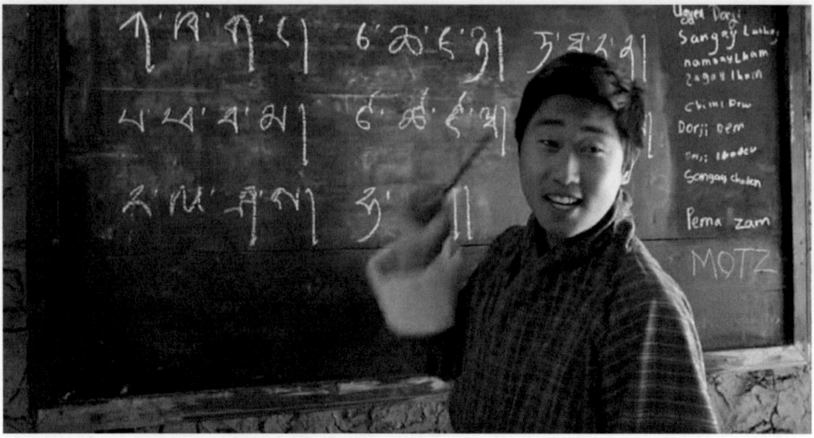

Ugyen (Sherab Dorji). „Ein Lehrer kann die Zukunft der Kinder berühren."

Nur eines sei noch erwähnt: Gänzlich unvorbereitet, versucht der Lehrer mit den Kindern ins Gespräch zu kommen und fragt, was sie einmal werden wollen. „Lehrer", sagt einer, „Sängerin", antwortet Pem Zam. Nun ist er endgültig bezaubert, wollte nicht auch er Sänger werden?

Nicht allzu überraschend zu sehen, wie sich der Lehrer auf einmal ins Zeug legt. Er entwickelt Ehrgeiz und möchte den Kindern trotz aller Widrigkeiten ein guter Lehrer sein. So als habe er bemerkt, dass er für sie die Verbindung zur Welt und auch ihre Zukunft bedeutet. Es scheint, als spüre er, dass dabei auch seine eigene Zukunft gemeint sein könnte.

Begegnung, Beziehung, Berührung – Kairos als der günstige Moment, in dem Neues entstehen kann, haben Veränderung bei Ugyen bewirkt, als habe dies seiner Seele Schwung verschafft.

Und so erzählt der Film nicht nur vom „Zum-Klingen-Bringen-der-Welt" für den Schüler durch den Lehrer, sondern (in Anlehnung an Hartmut Rosa) auch, von der „wechselseitigen Durchdringung und Berührung von Selbst und Welt, in der das 'Saitenspiel der Seele' in eine resonanzfähige Stimmung" kommt.

Diese Resonanzbereitschaft zeigt sich im veränderten Verhältnis des Lehrers gegenüber den Menschen im Dorf. Der Film erzählt herzerwärmend, wie sich beide Seiten mit plötzlicher Neugier und wachsendem Respekt begegnen. Dabei ist nicht nur die Resonanzfähigkeit des zuvor so verschlossenen, ja verstummten Ugyens erstaunlich, genauso beeindruckend

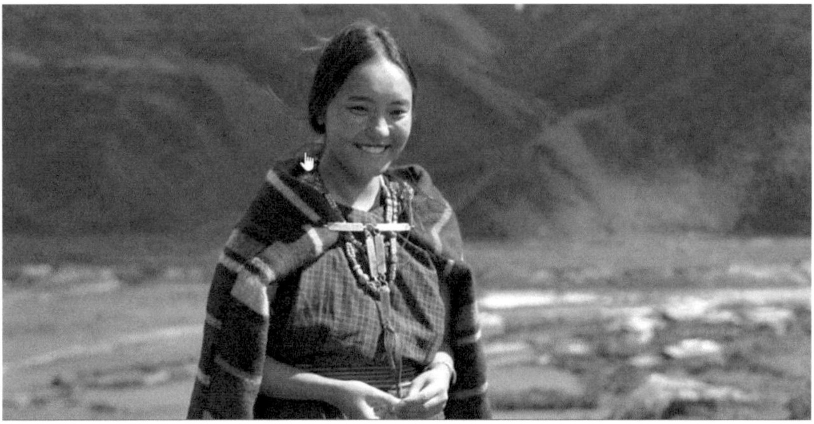

Saldon (Kelden Lhamo Gurung). Die schönste Stimme des Dorfes.

ist das authentische, hoch emotionale Spiel der Darsteller und Darstellerinnen, die – bis auf die Hauptrollen – mit Kindern und Erwachsenen aus Lhedi besetzt wurden.

Fast ein Happy End

Dass Musik und Gesang in Lunana eine besondere Rolle spielen, hat man schon recht früh erfahren. So ist es nicht allzu verwunderlich, dass zum guten Schluss den Musikliebhaber Ugyen eine zarte Romanze mit der reizvollen Yakhirtin und Sängerin Saldon (Kelden Lhamo Gurung) verbindet. Sie, die schönste Stimme des Dorfes, lehrt ihn die Lieder, die Geschichten und Mythen Lunanas. Eigentlich ist das Happpy End zum Greifen nahe. Es hat den Anschein, als wolle der junge Mann nicht mehr von diesem Ort weg.

Doch der Film hält ein anderes, letztlich passenderes Ende bereit: Vor Einbruch des Winters verlässt der Lehrer Lhedi. Wieder ist das ganze Dorf versammelt und bereitet ihm ein überaus herzliches Lebewohl. Und ganz seinen ursprünglichen Plänen entsprechend reist Ugyen nach Australien.

Die letzte Szene zeigt ihn bei einem Auftritt in einer Bar. Er spielt die üblichen angesagten Songs, während das Publikum – laut schwatzend und lachend – sich überhaupt nicht für seine Darbietung interessiert. Ugyen iirritiert, den Kontrast zu seinen tiefen spirituellen Erfahrungen in den Bergen spürend, unterbricht und singt zur allgemeinen Überraschung das

Hirtenlied Yak Lebi Lhadar; jenes Lied, durch das die ihm fremde Welt zum Klingen gekommen und das ihm zur Kraftquelle geworden ist.

In einem flüchtigen, aber emotional dichten Moment entwickelt sich nun eine Atmosphäre der Resonanzbereitschaft, so dass Ugyen das erstaunte, jetzt hellwache Publikum erreichen kann.

Ein gutes Ende? Ein glücklicher Ausgang! Doch ein Happy End?!

„Ein perfekter Platz“ – Immer in der ersten Reihe?[12]

Ein Film von Danièle Thompson. 2005

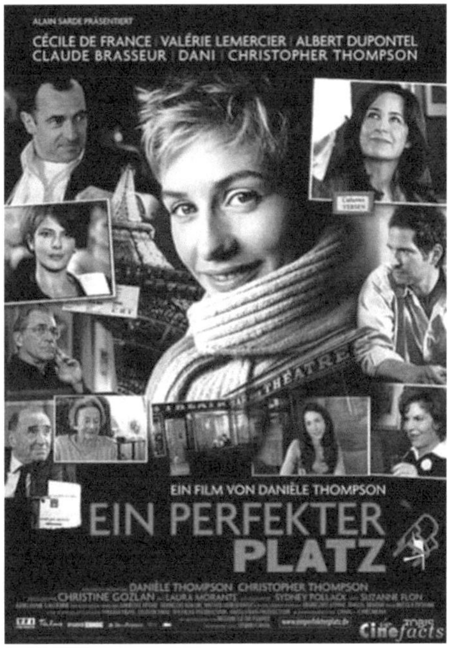

„Ich habe den Luxus immer geliebt. Da ich nicht die Mittel hatte, im Luxus zu leben, entschloss ich mich, im Luxus zu arbeiten.“ (Lebensmaxime von Jessicas Großmutter).

Ein Film zum Thema Glück? Wer dächte da nicht sogleich an Werke aus Hollywood? An Geschichten über das Glück in der großen Liebe, reich an großen Worten und starken Gefühlen, voll dramatischer Höhen und Tiefen.

Dass sich das „Glück“ der Menschen meist jedoch weniger in jenen überbordenden „Hollywood-Gefühlen“ spiegelt, sagen uns die Beiträge der Philosophen des Glücks. Wir alle wissen, dass Zufriedenheit und Wohlgefühl auch von einer Balance zwischen unserem Wollen und unserem Können, zwischen unseren Wünschen und Erwartungen einerseits und unseren Fähigkeiten andererseits abhängen. Auch erfahren wir immer wieder, in welch starkem Maße es „glücksfordernd“ ist, ob Menschen einen stimmigen Platz in der Welt gefunden haben und ob es ihnen gelingt, stets von Neuem und korrigierend danach zu suchen.

Ein Film, der sich solcherart der Suche nach „Glück“ widmet, ist die französische Komödie „Ein perfekter Platz“ (Fauteuils d’orchestre). Ob es im „Theater des Lebens“ der perfekte Platz, gar ein Platz in der ersten

Reihe der Orchestersessel sein muss, scheint eher zweifelhaft. Zwar ist man dort ganz nah beim Geschehen auf der großen Bühne, und wie die Musik spielt, ist auch gut zu hören. Geradezu im Rampenlicht gibt ein solcher Platz durchaus herausgehobene Wichtigkeit, denn jeder weiß um den oft exorbitanten Preis dieser Plätze. Aber laut, grell, blendend, anstrengend, womöglich gar eintönig, kann es da vorne schon werden, sodass hin und wieder ein Platzwechsel angezeigt sein könnte.

Im Kino mag ohnehin kaum jemand in der ersten Reihe sitzen. Suchen wir also einen passenden Platz, um zu sehen, wie in der Geschichte dieses Films Menschen sich plötzlich fehl an ihrem bisherigen Platz fühlen, wie sie versuchen, diesen zu verlassen, wie sie um Neuorientierung und Veränderung ringen, um den, manchmal letzten, großen Schritt zu wagen.

Ein Mädchen zieht in die große Stadt

Ein Mädchen aus der Provinz zieht in die große Stadt und versucht, dort ihr Glück zu machen, solche Geschichten meint man zu kennen. Oft sind sie nicht von allzu großer Originalität. Wenn eine solche junge Frau – im Film ist es Jessica – nach geplatzter Verlobung und abgebrochener Hebammenausbildung auf den Spuren ihrer geliebten Großmutter und mit deren Credo nach Paris geht, kann daraus eine besondere Geschichte werden. Und wenn man sieht, dass es sie ins noble 8. Arrondissement verschlägt, einem Quartier der Reichen und Schönen, – genau dort hat die Großmutter zeitlebens in den piekfeinen Hotels als Toilettenfrau gearbeitet – , ist man gespannt, was aus ihr wird. Verfolgen wir also ihren Weg.

Eine Arbeit und eine Bleibe zu finden, ist schwieriger, als die junge Frau gedacht hat. Durch Zufall gerät sie in der mondänen Avenue Montaigne in die „Bar des Théatres", die in unmittelbarer Nähe zu einem Theater, einem bedeutenden Konzertsaal und einem wichtigen Auktionshaus liegt. Da der „Patron" weiß, dass am 17. des Monats wegen verschiedener Veranstaltungen in seinem Bistro die Hölle los sein wird und ihm Personal fehlt, stellt er Jessica als Aushilfskellnerin ein. In seiner Bar treffen sich neben allerlei Reichen und Schönen die Bohémiens und Künstler aus der Nachbarschaft, bekannte Stars, selten auch einfache Leute.

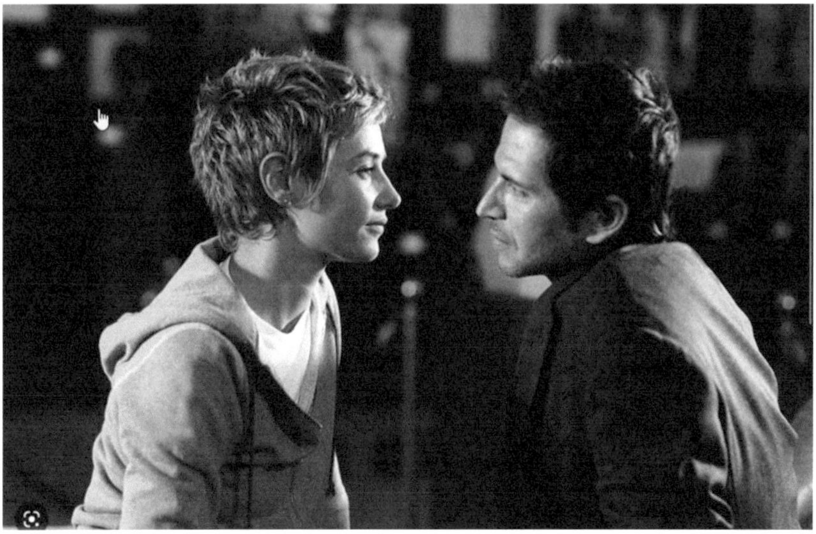

Jessica (Cécile de France) verabschiedet sich und zieht nach Paris.

Schillernde Menschen in der Krise

Neugierig und abenteuerlustig taucht Jessica in diese ihr bislang fremde Welt ein, begeistert, so ganz in der Nähe bewunderter Berühmtheiten zu sein. Mit naivem Charme lernt sie im Mikrokosmos der Bar eine Handvoll schillernder Menschen kennen, gewinnt mit ihrer Unbekümmertheit deren Vertrauen und erfährt schnell von ihren Sorgen und Nöten. Bald schon ist zu erkennen, dass die meisten dieser neuen Bekannten in einer tiefen Krise stecken, dass ihnen ihr bisheriges Leben zu eng geworden ist, und man ahnt, dass bei ihnen wichtige Veränderungen anstehen, dass sie sich gar an Wendepunkten ihres Lebens befinden.

Am deutlichsten sticht Cathérine Versen (Valérie Lemercier) ins Auge: laut, überdreht, ein Star des Boulevardtheaters und in der Rolle einer herzensguten Bürgermeisterin einer TV-Serie hoch bezahlt und vergöttert, doch, wonach sie sich sehnt, ist intellektuelle Herausforderung und Anerkennung in anspruchsvollen Rollen. Genervt und überspannt fiebert sie dem 17. entgegen, dem Abend ihrer nächsten Theaterpremiere. Zumal sie weiß, dass der bekannte Regisseur Brian Sobinski (voller Selbstironie Hollywood-Regielegende Sydney Pollock) in der Stadt weilt, auf der Suche nach einer Darstellerin der Simone Beauvoir, über die er einen Film drehen möchte. Nur zu gerne würde Catherine diese Rolle übernehmen. Deshalb hofft sie, den Regisseur bei ihrer Premiere zu treffen.

Bei ihren Botengängen trifft Jessica auf Jean François Lefort (Albert Dupontel), einen international berühmten Konzertpianisten, der auf Jahre hinaus ausgebucht ist. Seine Konzerte: ein Muss bei der Kunst-Schickeria. Auch er wird am 17. auftreten und im wunderschönen Konzertsaal Beethoven spielen. Aber er ist müde und vom Erfolg gelangweilt. Von Selbstzweifeln geplagt, hat er den ganzen Schickimicki-Rummel und seine Rolle als Umschmeichler des feinen Publikums satt. Endlich möchte er wieder vor normalen, unverbildeten Menschen spielen, am liebsten vor Kindern oder Kranken, denen er damit eine wirkliche Freude bereiten kann.

Da ist der leidenschaftliche Kunstsammler Jacques Grumberg (Claude Brasseur), – aus kleinsten Verhältnissen zu großem Reichtum gekommen. Er, Besitzer einer bedeutenden Kunstsammlung, ist inzwischen alt und krank und fühlt sich dem Ende nahe. Der Witwer möchte nicht als sein „eigener Museumswärter" sterben. „Eines Tages wird aus der Zeit, die vergeht, die Zeit, die bleibt." Darum ist auch für ihn der 17. ein wichtiges Datum. Denn an diesem Tag soll die gesamte Sammlung auf einer Auktion versteigert werden. Frei von diesem Ballast möchte er die Zeit, die ihm noch bleibt, mit seiner jungen Geliebten verbringen. Aber er blickt diesem Datum mit gemischten Gefühlen entgegen, zumal er in diesen Tagen seinem Sohn Frederic wieder begegnet, der mit dem Vater im Unreinen ist und dem sein Vorhaben zu erklären schwer sein wird.

Nicht zu vergessen: Da ist noch Claudie, Concierge des Theaters, nicht im Zentrum des Kunstgeschehens stehend, eher eine Randfigur mit einer ähnlichen Lebensmaxime wie Jessicas Großmutter und deshalb für die „kriselnden" Künstler von eminenter Bedeutung. Herzerfrischend zu sehen, wie sie mit seligem Gesichtsausdruck, die Chansons von Gilbert Bécaud singend, durch die Flure des Theaters schwebt, wie sie für „ihre" Künstler immer ein aufmunterndes Wort auf den Lippen hat und Jessica bald hilfreich unter ihre Fittiche nimmt. Auch für sie ist der 17. ein bedeutendes Datum, da ist ihr letzter Arbeitstag, bevor sie in den Ruhestand geht. Auch sie nimmt Abschied, nicht von verlorenen Illusionen, sondern von einem erfüllten Arbeitsleben.

Beobachterin und Moderatorin

Nun kann man sich fragen, wie es gelingt, derart verschiedene Handlungsstränge und Figuren zu verfolgen, ohne dass der Film allzu episodenhaft zerfleddert oder den Geruch einer Seifenoper bekommt. Sicherlich erfordert die Vielzahl an Personen mit ihren Geschichten einen häufigen Wechsel der Szene, und so springt die Handlung in schnellen Schnitten zwischen den Figuren und Situationen hin und her. Zwar verleiht das dem Film Rhythmus und Geschwindigkeit, dennoch könnte ein derart hohes Tempo unangemessen und enorm störend sein, wären da nicht jene beeindruckenden Sequenzen von geradezu ausufernder Langsamkeit: immer dann, wenn es „darauf ankommt", wenn Motive des Abschieds und der Veränderung ins Bild gesetzt werden.

Dass die Geschichte nicht aus den Fugen gerät, verdankt der Film vor allem aber einem geschickten dramaturgischen Kniff der Regisseurin. Zwar ist Jessica als zentrale Figur eingeführt, die Hauptrollen jedoch überlässt sie Cathérine, Jean-François und Jacques. Dennoch ist es ihr Film. Immer präsent, fungiert sie als Beobachterin. Dank ihres Charmes und ihrer Offenheit gelingt es, all die Geschichten und persönlichen Dramen zusammenzuhalten. Diese neugierig-naive Unbefangenheit gibt ihr Gelegenheit, das Geschehen zu verstehen und an dessen Entwicklung teilzuhaben. Ihr ungeteiltes Interesse an den Geschichten der anderen lässt sie auf Resonanz stoßen. Sie gerät dadurch in die Rolle einer Moderatorin, erhält die Funktion der Katalysatorin. Nicht nur sie wirkt in der Begegnung verändernd auf die Entwicklung der anderen ein, umgekehrt wird auch ihr Leben verändert: Sie wird eingeführt in die Welt der Musik, sie beginnt, sich das Glück der bildenden Kunst zu erschließen, wagt den Versuch, sich der Liebe zu nähern.

Vielleicht ist die Figur der jungen Frau an einigen Stellen etwas zu holzschnittartig gezeichnet; auch könnte mancher Zuschauer dem Film mangelnde Tiefe vorwerfen, seine Anklänge ans Boulevardtheater, letztlich Oberflächlichkeit bemängeln. Dennoch und vor allem überzeugt dieser Film durch seine Kunst des Beobachtens und Erzählens. Hier sind es keine märchenhaft-verzaubernde Geschichten wie in der „Fabelhaften Welt der Amelie", sondern solche aus dem prallen Leben. Und die stechen ins Auge. Das vordergründig Beobachtbare, das direkt Erlebbare sind wichtig und wesentlich. Die Tiefe steckt in den Mitteilungen, nicht hinter den Mitteilungen, wie der Psychoanalytiker M. Buchholz in anderem

Zusammenhang sagt. Diese Würdigung der Oberfläche, ihre Kultivierung, sowie das ausgeprägt narrative Moment sind die unbedingte Stärke des Films, was nicht verwundert, ist doch die Regisseurin eine der bedeutendsten Drehbuchautorinnen Frankreichs. Sie beeindruckt nicht nur durch die Auswahl einfühlsamer Bilder, sie komponiert erfrischend geschliffene Dialoge und unterlegt das Ganze mit einer wunderbaren Musikalität.

Der ominöse 17.

Und wie ist der ominöse 17. verlaufen? Wie zu erwarten, wenig überraschend und nicht allzu spektakulär: Die Concierge Claudie feiert gerührt ihren Abschied; nebenan läuft die Auktion, zwar mit einigen Komplikationen, dennoch für alle Beteiligten zufriedenstellend; und im Theater verfolgt der amerikanische Regisseur die Premiere mit großer Begeisterung. Im Konzertsaal jedoch ist zu spüren, dass etwas Außergewöhnliches passieren wird: Jean François gibt gewohnt glanzvoll das 5. Klavierkonzert in Es-Dur von Ludwig van Beethoven. Plötzlich hört er auf zu spielen und erklärt dem verdutzten Publikum, ihm sei zu heiß. Er tritt an die Rampe, zieht den Frack aus, dann spielt er das Konzert im Unterhemd zu Ende.

Mehr erfahren wir nicht. Wir können allenfalls die Momente des Abschieds vom gewohnten Platz miterleben und die eines ersten Aufbruchs bei der Suche nach einem neuen. Auch ist zu ahnen, dass für den Pianisten die Chancen gut stehen, mit seiner Frau und treuen Managerin – angesichts seiner Krise arg enttäuscht und erschüttert – ein anderes und erfüllteres Leben zu führen. Auch sehen wir, dass der Schauspielerin die Rolle der Beauvoir angeboten wird und der Galerist sich wieder seinem Sohn annähert. Ob Claudie der Abschied aus ihrer schönen Welt gelingt, wie sie den Schmerz des Verlustes verkraftet, bleibt jedoch offen. Wie überhaupt im Film solche Aspekte des Schmerzes und der Trauer über verlorene Illusionen zu kurz kommen. Es wäre Wert gewesen, dies zu beleuchten, – aber dann wäre es ein anderer Film geworden, nicht diese Komödie voll sanftem Humor und einer kräftigen Prise Melancholie. Und beides soll ja zum richtigen Glück gehören.

Ach ja – ob Jessica ihren perfekten Platz gefunden hat? Vorerst ist ihr einer „nicht zu weit vorne und nicht zu weit hinten“ am liebsten.

„Man muss mich nicht lieben" – Der Tango und die Kraft des Eros[13]

Ein Film von Stéphane Brizé, 2005

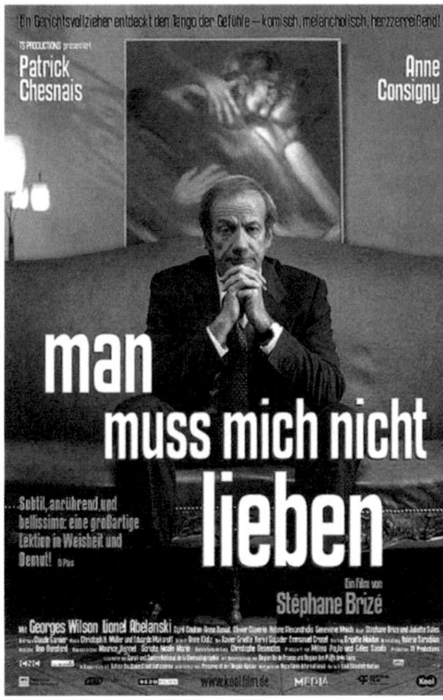

Die Welt des Tango, das Tangotanzen hat schon viele Filmemacher inspiriert. Oft entstanden dabei Werke, die weniger durch ihre Handlung als durch die gezeigten Tangoszenen beeindrucken, wie jene in *Der Duft der Frauen* (1992), von dem vor allem Al Pacinos Tango mit Gabrielle Anwar in Erinnerung bleibt. Oder auch *Darf ich bitten?* (2004), in dem Richard Gere und Jennifer Lopez gekonnt-glamourös einen Tango zelebrieren. Vor allem aber kommt einem Sally Potters *Tango Lesson* (1997) in den Sinn, ein Film, der den Tango als Kampf der Geschlechter in seinen Mittelpunkt stellt und mit seinen bildgewaltig choreografierten Tanzszenen fasziniert. Filme, die durch ihre Kraft und Dynamik hervorstechen und die attraktive, meist junge Menschen ins Zentrum stellen.

Am berührendsten aber ist der Tango in Filmen, wenn in ihnen gebrochene Helden, oft nicht-junge, gar nicht-schöne gezeigt werden. Wie in dem französischen Spielfilm *Man muss mich nicht lieben* (2004), einem gelungenen Stück des leichten Erzählens, gezeigt nicht in prall-bunten Bildern, sondern, an Kaurismäkis Kino erinnernd, in eher blassgrau getupften Farben.

Ein tristes Leben

Man muss ihn nicht lieben, Jean-Claude (Patrick Chesnais), Mitte 50, geschieden und allein lebend, den man in der ersten Einstellung müde und schwerfällig die Stufen eines kargen Treppenhauses hochsteigen sieht. Er ist als Gerichtsvollzieher unterwegs, um einer jungen Frau, die ihre Miete nicht bezahlen kann, ihre baldige Zwangsräumung zu eröffnen. Der Mann wirkt nicht unsympathisch, nicht herzlos, nur routiniert, abgehärtet in Erfüllung seiner ungeliebten Pflicht.

Wahrlich, man liebt ihn nicht. Und dies ist nicht verwunderlich, wenn man sieht, wie er sein tristes Leben lebt. Wie er sich tagaus tagein verdrießlich in sein kahles Büro schleppt, Schulden eintreibt, Pfändungen und Zwangsräumungen vornimmt. Wie er seinen steinalten Vater am Wochenende im Altenheim besucht und sich von ihm tyrannisieren lässt und wie er in ähnlicher Manier seinen Sohn, auch er Gerichtsvollzieher in seiner Kanzlei, behandelt.

Ein Leben, in sprachloser Versteinerung, fast Verwelktheit – auch für den Zuschauer bedrückend zu sehen. Es scheint, als habe Jean-Claude die Hoffnung aufgegeben, dass ihm das Leben Freude machen könnte. Ein regelrechtes Trauerspiel, wenn da nicht leise Töne wären, die ins Geschehen dringen. Schon die Anfangsszene wird, fast kontrastierend, von Tangoklängen begleitet, und wenn Jean-Claude in seiner Kanzlei ans Fenster tritt, die Gardine beiseiteschiebt, es einen Spalt breit öffnet, um die Tänzer in der gegenüber liegenden Tanzschule zu beobachten, vernimmt er solche Musik. Schon häufig hat er auf die tanzenden Paare sehnsuchtsvolle Blicke geworfen. Etwas anderes dringt in seine Welt, etwas, was ihn ganz unerwartet erwärmt – und nichts bleibt, wie es war.

Tango ist Berührung

Als ihm sein Arzt rät, Sport zu treiben – er habe „Probleme mit dem Herzen!" –, fackelt er nicht lange und entschließt sich, einen Tangokurs in eben dieser Tanzschule zu besuchen. Und plötzlich weitet sich der Spalt. – Die Tanzschule ist nicht nur ein Ort, wo man in die Kunst des Tanzens eingeführt wird, zuallererst ist es ein Ort der Berührung. Wer erinnert sich nicht an die ersten Stunden damals in der Tanzstunde: Vorsichtig legt man seine Hand an den Rücken seiner Partnerin oder auf die Schulter seines Partners. Die Schritte werden angezählt. Man stolpert los. „Wird das gut gehen mit uns?" Man tritt sich auf die Füße, verliert sich und findet wieder zueinander.

Und immer ist da die sinnliche Erfahrung der Berührung. Wenn es gut geht, verliert sie ihre Steifheit, wenn es gelingt, findet man den stimmigen Abstand zueinander. Ganz ähnlich ergeht es Jean-Claude. Umgeben von angestrengten, hoch konzentrierten oder aufdringlich-schmierigen Mitschülern bewegt er sich schüchtern, drucksend und stolpernd übers Parkett. Das ist nicht sein Terrain, aber der Spalt zu dieser neuen Welt hat sich weiter aufgetan, sie macht ihn neugierig und weckt Sehnsucht in ihm.

Tango, schon dem Wort ist seine Bedeutung eingeschrieben – tangere – berühren. Tango ist Berührung von Körpern, Gefühlen, Kulturen. Ursprünglich stammt der Tango aus dem Milieu der Bars und Bordelle in Buenos Aires. Seine Musik ist meist nicht fröhlich. Sie ist geprägt von den zerstörten Hoffnungen der Einwanderer. In seinen Texten und Balladen erzählt der Tango von Einsamkeit, Entfremdung, von enttäuschter Liebe und oft herzzerreißender Sehnsucht nach ihr. Es heißt, der Tango sei ein trauriger Gedanke, den man tanzen kann. Wie geschaffen für unseren Protagonisten Jean-Claude. Angezogen von der Musik wagt er die Berührung mit dieser ihm unbekannten, fremden Welt, vorsichtig taucht er in sie ein.

Er, der bislang in Einsamkeit, im Zwang und in strenger Sachlichkeit, in teilnahmsloser Distanziertheit gefangen war, der darin seine Gefühle verschlossen gehalten hat, spürt, dass das Tangotanzen mit seinen Kodizes und Ritualen seine Schwierigkeiten im Umgang mit Nähe und Distanz, mit Berühren und Berührtwerden regelt und solcherlei „Leitplanken" ihm erlauben, seiner Sehnsucht zu folgen.

Eine melancholische Romanze

Jean-Claudes Begegnung mit dem Tango ist auch die Begegnung mit Françoise (Anne Consigny). Überrascht nimmt er zur Kenntnis, dass die attraktive junge Frau nicht mit dem aufdringlichen Angeber üben möchte, sondern ihn zum Tanzen auffordert. Und es kommt, wie es kommen muss: Er wird von Françoise verzaubert. Ganz zart, eigentlich nur mit einer scheuen Berührung, entwickelt sich eine so unwahrscheinliche wie schöne Liebesgeschichte.

Regisseur Stéphane Brizé hat in diesen Szenen alles Vordergründige vermieden, er spürt dem Verborgenen und Verdrängten nach. Er zelebriert geradezu den Reiz des Schweigens, die Bedeutung von Blicken und Gesten und trifft damit sowohl die „Seele" des Tango als auch die unterschiedlichen Charaktere von Françoise und Jean-Claude: Ihre schüchterne

Offenheit im Kontrast zu seiner Lethargie, seine zurückgefahrene Mimik und ihr Gesicht, das mit seinem stets leicht amüsierten Lächeln das blühende Leben auszudrücken scheint. Die Momente des Schweigens, die Blicke, die die beiden sich zuwerfen, sagen mehr als viele Worte. Wunderbar zu sehen, wenn die beiden miteinander tanzen, wie sie nach der ersten Berührung allmählich den passenden Abstand zueinander finden, um schließlich in eindrucksvoller Haltung „von Herz zu Herz" Tango zu tanzen. Dieses Einander-Spüren, für die Tango-Kommunikation so ungemein wichtig, ist von Brizé glänzend in Szene gesetzt.

Berührung „von Herz zu Herz" – fast könnte man von der Begegnung zweier Seelenverwandter sprechen. Denn hinter Jean-Claudes augenscheinlicher Lethargie und der gezeigten Lebensfreude von Françoise schlummern Trauer und Melancholie. Jean-Claude fühlt plötzlich schmerzhaft, was es heißt, allein zu sein – und wagt leise zu hoffen.

Doch Francoise – und davon weiß er nichts – steht kurz vor der Hochzeit. Ihr zukünftiger Ehemann, ein Möchtegernschriftsteller, lieb aber trottelig, scheint wenig Interesse an seiner Verlobten zu haben – außer er benötigt mal wieder Trost und Zuspruch von ihr. Eigentlich wollte sie mit ihm zur Vorbereitung der Hochzeitsfeier den Tanzkurs besuchen, doch der Bräutigam ist nie um eine Ausrede verlegen, was Francoise verständlicherweise enttäuscht und verunsichert. Und so lernen wir Françoise als Frau kennen, die nach außen hin den Eindruck vermittelt, als wisse sie genau, was sie will, aber innerlich ganz nach etwas anderem sucht. Auch sie eine verletzte Seele auf der Suche.

Der Tango und die Kraft des Eros

Es heißt, der Tango „öffne" die Seele, er helfe, neue, vitalere Gefühle zuzulassen. Der Tango und die Liebe bewirken, wie zu erwarten war, eine deutliche Veränderung bei Jean-Claude. Von der Kraft des Eros getroffen, beginnt sich beim zuvor so Sperrigen das Tor zu seinen Emotionen und Affekten zu weiten, was ihn aber auch verletzlicher und kränkbarer macht. Er spürt jetzt Gefühle wie Leidenschaft und Eifersucht, Ärger, Wut und Scham. So vorhersehbar und stereotyp dieser Handlungsstrang sein mag, so einfühlsam und mit dezentem Blick für leise Komik sind solche Sequenzen in Szene gesetzt – etwa wenn Jean-Claude losgeht, um für Françoise ein Parfüm zu kaufen: „Wilde Leidenschaft" ist ihm dann doch zu heftig, sodass er sich verschämt für „Wüstenrose" entscheidet.Die Wandlung des

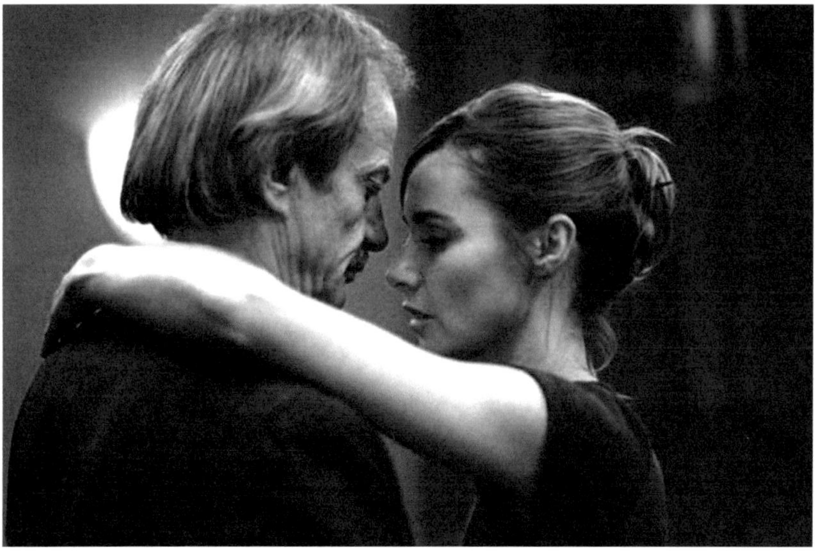

Jean Claude (Patrick Chesnais) und Francoise (Anne Cousigny).
Berührung von „Herz zu Herz".

Protagonisten wird in den nachfolgenden Sequenzen – vielleicht etwas zu märchenhaft – aufgezeigt. Diese Szenen werden teils kräftig gezeichnet, teils zart hingetupft. Und die Ereignisse überschlagen sich geradezu.

Als Jean-Claude durch einem missgünstigen Tanzschüler von Françoises Heiratsplänen erfährt, ist er zutiefst enttäuscht. Er kann ihre Entschuldigung und das Angebot, ihm alles zu erklären, nicht annehmen. Schon auf die erste Schwierigkeit reagiert er mit gekränktem Stolz und weist sie ab. „Ich möchte sie nicht mehr sehen", bricht es aus ihm heraus, und er beschließt, den Tangokurs nicht mehr zu besuchen. Es scheint, als falle alle Leichtigkeit von ihm ab, denn da sitzt er wieder, jener Griesgram in seiner alten Starre.

Vom Erlebten bewegt

Dass der „emotionale Spalt" sich aber nicht verschließt, wird nun in dicht aufeinanderfolgenden Szenen gezeigt: Nach einer weiteren wüsten Schikane durch seinen Vater hat Jean-Claude endlich den Mut und die Energie, sich aus dieser erniedrigenden Beziehung zu lösen. Wütend schreit er: „Schluss jetzt! Du fängst an, mir auf die Nerven zu gehen. ... Ich geh jetzt weg. Du siehst mich das letzte Mal!"

Allmählich beginnt der Kreis sich zu schließen: Jean-Claude muss die in der Anfangsszene angekündigte Pfändung samt Zwangsräumung vollziehen, und jetzt erleben wir einen Mann, dem es nicht mehr gelingt, bei solchem Tun akkurat nach dem Motto zu funktionieren: „Mach deinen Job und lass dich nicht berühren!“Diesmal geht ihm das Geschehen nahe. Wenn er beobachtet, wie die junge Frau verzweifelt das Wenige, was ihr geblieben ist, zusammenpackt, wenn sich ihre Blicke beim Verlassen der Wohnung kreuzen, schaut er mit feuchten Augen hin, ja er stört sich sogar daran, dass zwei Polizisten die traurige Situation herumalbernd begleiten, und mahnt: „Könnten Sie mit dem bescheuerten Gekicher aufhören!“

Zurück im Büro, immer noch vom Erlebten bewegt, ermuntert er in einem Moment großer Zuneigung, aber in der gewohnt ruppig-kantigen Art, seinen Sohn, aus der Kanzlei auszusteigen und nicht wie er, seine Zeit mit einem ungeliebten Beruf zu vergeuden. „Geh schon, hau ab! Du willst doch nicht auch noch in diesem Scheiß-Job hier versauern wie ich. Lass uns aufhören mit diesem Blödsinn.“

Nach dem überraschenden, plötzlichen Tod des Vaters entdeckt Jean-Claude in dessen sicher verriegeltem Kleiderschrank einen ebenso gut verschlossenen Koffer, den er mit einem Schlüssel öffnet, den der Vater in seiner Jackentasche aufbewahrt hat. Darin findet er Pokale, die er als Jugendlicher im Tennis gewonnen hat und wegen denen es mit seinem Vater zu heftigem Streit gekommen ist, weil dieser behauptete, er habe die Trophäen schon lange weggeworfen.

Auch wenn diese Sequenz ziemlich platt und holzschnittartig erscheint – und vielleicht auf ein nahendes versöhnliches Ende zielt – kann man in ihr so etwas wie eine Schlüsselszene erkennen, denn sie macht deutlich, vor welchem Hintergrund Jean-Claudes emotionale Verschlossenheit zu verstehen ist. In ihr können wir etwas von der Dynamik zwischen Vater und Sohn erahnen, von ihren gegenseitigen Erwartungen und Enttäuschungen – wortlos, verschlossen und tief in der Seele vergraben.

Einen verloren geglaubten - inneren - Schatz wieder gefunden zu haben, versöhnt Jean-Claude nicht nur mit dem „toten“ Vater, mehr noch, er rüttelt ihn auf, bewegt ihn derart, dass er sich doch für das Leben entscheidet und beschließt, erneut den Tangokurs zu besuchen.

So kommt die Geschichte zu einem feinen Finale. Das Schlussbild zeigt, wie sich Jean-Claude und Françoise überrascht in der Tanzstunde begegnen. Erstaunen, ein leises Lächeln huscht über ihre Gesichter, und sie tanzen so wunderbar wie zuvor – kein Hollywood-Happy-End, sondern ein fantasievolles offenes Ende.

Und so bleibt der Zuschauer zurück mit der Ahnung, dass die beiden noch so manchen Tango tanzen müssen. Die sehnsuchtsvolle Musik des Tango ergreift die Tänzer, fordert auf zu Kommunikation und Abstimmung. Sie bewegen sich als Paar im Rhythmus, suchen den passenden Abstand, um das eigene Gleichgewicht und die eigene Achse zu halten. So wie im wirklichen Leben.

Und am Ende bleibt: ein Lächeln und ein Tanz – oder mehr.

„Die fabelhaften Baker Boys“[14]

Ein Film von Steve Klose, 1989

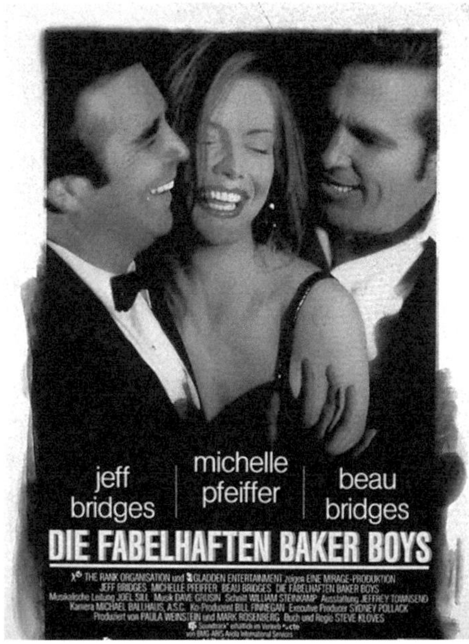

Vor kurzem war in der Süddeutschen Zeitung ein Interview mit Barrie Kosky zu lesen, dem Intendanten der Komischen Oper Berlin, in welchem dieser von einer Renaissance der Operette spricht, jenem bislang ach so verschmähten Genre. Er beschreibt die Wiedergeburt eines in den Zwanzigerjahren höchst lebendigen Musiktheaters, in welchem aus der Konfrontation mit dem Jazz und der sozialen Situation in Berlin sehr schräge Formen entstanden. Ein eigenes Genre des Musiktheaters werde wieder lebendig, weit entfernt von der verbreiteten Meinung, nur die Oper mit ihrer klassischen Musik sei von Wert, andere Formen des Musiktheaters mit den ihr eigenen Formen der (ursprünglich jüdischen) Parodie und Ironie, der Satire und Groteske seien banal oder gar blöd.

Der leichten Muse eine Bresche

Dass bei den Artikeln des vorliegenden Heftes zumeist klassische Musik im Zentrum der Betrachtung steht, ist dem aufmerksamen Leser sicher nicht entgangen. Es läge durchaus nahe, auch an dieser Stelle einen Film vorzustellen, der sich um Leben und Werk großer Komponisten, um Interpreten und Interpretationen ihrer Musik dreht, denn solche gibt es zuhauf. *„Amadeus“*, *„Tschaikowski – Genie und Wahnsinn“*, auch *„Der Pianist“*

oder *„Das Konzert“*, um nur einige zu nennen, jeder durchaus wert, vorgestellt zu werden.

Doch ist die Befürchtung nicht von der Hand zu weisen, dass damit die leichte Muse zu kurz gekommen wäre. Deshalb soll ihr hier eine Bresche geschlagen werden. Wohl wissend, dass auch filmische Darbietungen musikalisch populärer Art, ähnlich der Operette, häufig als seicht betrachtet werden. Zu Unrecht, denn auch in diesem Genre gibt es etliche Streifen, die sich der Filmfreund mit Entzücken in Erinnerung ruft: Man denke an die Oscar-gekrönte Verfilmung des Broadway-Musicals *„West Side Story“*. Leonard Bernsteins „New-World-Version“ der Operette – die die Handlung eine Mischung aus Hoffnung und Verzweiflung, mit treibenden Rhythmen und den ergreifend schönen Songs – ist nicht nur eines der besten Musicals, auch der Film (1961) gilt schon längst als Klassiker. Oder die *„Rocky Horror Picture Show“:* Ursprünglich auch ein Musical und 1975 auf die Leinwand gebracht, ein Streifen, der mit seiner Mischung aus Travestieshow und Gruselfilmparodie Kultstatus erlangte, dessen begeisterte Fangemeinde sich den in manchen Kinos regelmäßig gezeigten Film wieder und wieder ansieht, ihn geradezu zelebriert, die Texte mitsingt und Szenen mitspielt. Auch sei Sergio Leones Meisterwerk *„Spiel mir das Lied vom Tod“* (1968) erwähnt, in welchem pompös und opernhaft ganze Passagen des Geschehens zum Rhythmus von Enrico Morricones überwältigender Musik inszeniert werden. Auch er durchaus ein „Musikfilm“.

Ein gelungenes Regie-Debut

Der Drehbuchautor Steve Klose (später Verfasser von Adaptionen der Harry-Potter-Bücher) hat mit *„Die fabelhaften Baker Boys“* (1989) einen Film geschaffen, der zwar nicht zum Klassiker oder Kultfilm avancierte, der aber dennoch bemerkenswert ist.

Denn Klose gelingt es in seinem Regie-Debut, die Story, eine sensibel gezeichnete Musikergeschichte, in derart perfekter Weise zu inszenieren. dass man sich wundert, wie dies einem Regieanfänger gelingen kann. Nicht allzu verwunderlich, denn man stellte dem Neuling einige alte Hasen zur Seite: zum einen als ausführenden Produzenten den erfahrenen Alt-Regisseur Sidney Pollack, zum anderen den Filmkomponisten und Jazzpianisten Dave Grusin, der den Soundtrack schrieb und die Songs arrangierte, vor allem aber den Kameramann Michael Ballhaus, einen der bedeutendsten des deutschen und internationalen Films (mit

Rainer Werner Fassbinder drehte er 17 Filme). Über die schauspielerische Leistung der drei Hauptakteure hinaus sind es vor allem Grusins jazzige Arrangements und Ballhaus' verführerische Bilder, seine einzigartigen Kamerafahrten, die dem Film jene ganz besondere Atmosphäre verleihen und ihn so bestechend machen.

Eine kleine Geschichte

Die Story, auf den ersten Blick nicht außergewöhnlich, ist eine kleine Geschichte, eine, wie man sie schon in anderen Filmen gesehen haben mag, etwa nach dem Muster Dreiecksgeschichte, eine Frau zwischen zwei Männern, vielleicht auch: Eine Musikerkarriere zwischen künstlerischer Ambition und tristem Broterwerb.

Seit 15 Jahren spielen die ungleichen Brüder Frank und Jack Baker (Beau und Jeff Bridges) gemeinsam als Barpianisten in den Hotels und Lounges ihrer Stadt. Vor langer Zeit durchaus erfolgreich, tingeln sie inzwischen durch schummrige Bars und abgewetzte Clubs, mit dem immer gleichen angestaubten Programm, jeden Abend die gleichen Lieder, die immer gleichen Späße. Für Jack, eigentlich ein begabter Jazzmusiker, ist dieses Leben an der Seite seines biederen und mäßig talentierten Bruders unerträglich geworden. Mut zur Veränderung hat er jedoch nicht, und so ertränkt er sein Elend im Whisky und sucht Ablenkung in schnell wechselnden Beziehungen. Auch das Publikum ist gelangweilt und bleibt zusehends aus. So fristen die Baker Boys ihr Dasein – nicht gerade fabelhaft.

„More than you know“

Nachdem auch das letzte Engagement gekündigt ist, beschließt Frank, der „Manager“ des Duos, eine Sängerin zu engagieren. Doch das Vorsingen von 37 Bewerberinnen erweist sich als Flop. Natürlich taucht SIE – mit großer Verspätung – erst als Letzte auf. Und hat ihren ersten großen Auftritt! Sie trägt einen zu kurzen Rock, dazu einen zu roten Mund, und sie hat Kaugummi an der Lippe, in der Hand einen Schuh mit abgebrochenem Absatz. Rotzig und ordinär begleitet sie ihre erste Szene mit den Worten: „Verflucht noch mal! Scheiße, verdammte! Mist!“ Sie nennt sich „Susie Diamond“ (Michelle Pfeiffer), der Name eine Karikatur oder glattes Versprechen. Gefragt nach ihren Erfahrungen in der Unterhaltungsbranche, antwortet sie mit dem Hinweis auf ihre Callgirl-Vergangenheit. Und dann singt sie mit samtweicher Stimme *„More than you know“* und schlägt damit nicht nur die genervten Bakers in ihren Bann, sondern auch den Zuschauer. Woher dieser Ausdruck, diese Ausstrahlung? Die höchst attraktive Michelle Pfeiffer wird hier nicht wie in früheren Filmen als schön und sehr weich dargestellt, vielmehr hat sich Kameramann Ballhaus für diese Rolle einen Beleuchtungsstil ausgedacht, der sie rauer und härter zeigt, sie in einem Licht zeichnet, das viele Facetten zum Ausdruck bringen kann: Zum einem eine aufreizend-kokette junge Frau, voll Power, zum anderen aber auch das Mädchen mit unsicher fragenden Augen, in denen Verletztheit und Verletzlichkeit zu sehen ist. Und ihr Song ist nicht nur ein Liebeslied, er ist geradezu ein Weckruf! Überflüssig zu sagen, dass Susie engagiert wird und damit nichts mehr ist wie zuvor.

Vom Duo zum Trio

Der sich alsbald einstellende Erfolg der Combo ist aber nicht nur der Attraktivität und Ausstrahlung der Sängerin zuzuschreiben. Aus dem müde gewordenen Duo des Brüderpaars ist ein Trio geworden, und Susie als Dritte hat Bewegung ins Geschehen gebracht. Wie meist wirkt Triangulierung befreiend, die Zweierbeziehung kann sich öffnen und allzu lang Festgefahrenes sich lösen.

Die zur Notgemeinschaft gewordene Beziehung der Baker Brüder mit ihren peinlich wirkenden Publikumsauftritten hat in ihrer verklebten Enge schon lang keine Entwicklung mehr zugelassen. Mit Susie kommt „frischer Wind“ und eröffnet Möglichkeiten der Veränderung, was die Musiker zu neuem Aufschwung führt. Sie erfreuen sich ihrem wieder gewonnenen Spaß am Musikmachen und sonnen sich in ihrem Erfolg. Aber noch sind sie nicht bereit, sich innerer Entwicklung zu öffnen, sich selbst und damit ihre längst überholte Beziehung zu verändern.

Wie so oft bedarf es dazu der Kraft des Eros. Nicht nur das Publikum, auch Lonely-Boy Jack fährt auf Susie ab. Obwohl er sich alle Mühe gibt, den coolen Kerl zu spielen, läuft er innerlich heiß. Es ist unverkennbar, dass es zwischen ihm und Susie knistert, dass sie voneinander emotional berührt sind. Ihre Gefühle deutlich zu zeigen, ist ihnen jedoch unmöglich, da sich jeder in seiner Verletzlichkeit vor zu viel Nähe ängstigt und sich hinter seiner Abwehrfassade versteckt, Jack hinter seiner abweisenden Coolness, Susie hinter ihrer koketten Laszivität. Dennoch gelingt es ihnen, ihre Emotionen in die Musik zu legen, ihre Verbundenheit im musikalischen Auftritt auszudrücken.

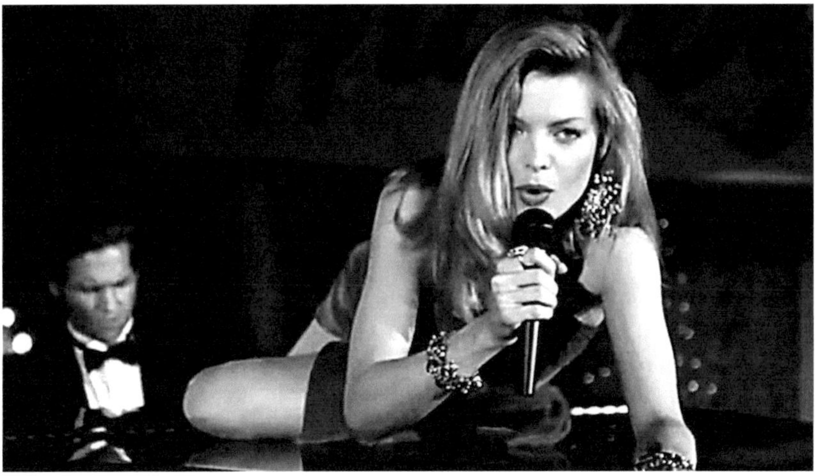

Eines der großen Kinobilder! Susie Diamond (Michelle Pfeiffer).

„Makin' Whoopie"

Als die Band von einem Nobelhotel für Silvester engagiert wird, müssen Susie und Jack den Abend allein bestreiten, da Frank wegen eines Unglücksfalles zu seiner Familie gerufen wird. Ohne ihn und von seinen Vorgaben befreit, spielen die beiden famos auf und bescheren jene legendäre Szene, die den Film und Michelle Pfeiffer berühmt gemacht hat, und von der es heißt, Kameramann Ballhaus habe mit ihr neue Standards der Kinematografie geschaffen: Susie in leuchtend roter Robe auf Jacks schwarz glänzendem Flügel, den Song „Makin' Whoopie" auf den Lippen – die Kamera macht eine in Anbetung versunkene Kreisfahrt um den Flügel, einen ganzen Jazz-Klassiker lang und ohne Schnitt. Wahrlich eines der großen Kinobilder!

Unschwer zu erraten, dass die beiden sich näher gekommen sind – in der Musik und über die Musik, vor dem Publikum und mit ihm – unschwer aber auch die Vermutung, dass die Story zwischen ihnen nicht einfach in ein Happy End münden kann, zumal die Lovestory von Frank voller Misstrauen und Ablehnung beobachtet wird, vielleicht aus Angst vor innovativen Ideen, vielleicht aber einfach aus Eifersucht.

Eine Veränderung der Beziehung der Brüder bedarf der Unterscheidung und Ablösung. Dass dies nicht ohne Aggression und Schmerz geschehen kann, wird im Fortgang der Story deutlich. Wobei die fast ausufernde

Darstellung dieses Konfliktes in seiner enormen Dynamik und seiner Auswirkung auf die Combo die Story etwas aus der Spur bringt.

Musik – „die vierte Person"

Vielleicht gerade deshalb führt dieser Bruch, diese Wendung, zum Ende der Geschichte, einem offenen Ende. Dem Zuschauer wird vorenthalten, ob es mit und zwischen den drei Akteuren weitergeht, ob Trennung, ob Neubeginn, gar ein Happy End gelingen. Die Enttäuschung darüber hält sich jedoch in Grenzen, denn die Freude überwiegt, dass es ihm vergönnt war, die Figuren eine Zeitlang auf ihrer Entwicklungsreise zu begleiten, an ihren Hoffnungen und Enttäuschungen, ihrer Sehnsucht nach Liebe und ihrer Unfähigkeit zur Liebe, teilzuhaben und zu sehen, dass sie am Ende der Geschichte woanders stehen als an deren Anfang.

Der Film ist nicht nur eine Hommage an jene Augenblicke, wo sich im Leben manches märchenhaft ändern könnte, er ist auch mehr als eine Lovestory. Er ist geradezu eine Liebeserklärung: an die Eleganz gelungener Inszenierung, vor allem aber an die Musik.

Von Anfang an ist zu spüren, dass über die Story der drei Akteure hinaus Grusins außergewöhnliche Filmmusik, die Jazz-Standards und Michelle Pfeiffers überzeugend gesungenen und hervorragend platzierten Songs die Geschichte vorantreiben, eine besondere Atmosphäre schaffen und Gefühle zum Ausdruck bringen, wo Worte fehlen – gerade so, als spiele mit der Musik ein viertes Element mit. Die Zwei im Duo hat sich zur Drei im Trio geöffnet und die Drei wird zur Vier, denn durchgängig spielt mit der wunderbaren Musik gewissermaßen eine „vierte Person" mit, ohne die der Film nicht rund, unvollständig, ja undenkbar wäre.

Und so kommt der Musik als Öffnendem und Abrundendem das „Schlusswort" zu, wenn über die Finalszene, in der Susie sich von Jack verabschiedet, ein letzter Song gelegt ist: *„My funny Valentine"*, jene Hoffnung schaffende Ballade, ein Jazzklassiker, in unzähligen Versionen virtuos interpretiert, von Chet Baker über Miles Davis bis zu Ella Fitzgerald.

Aber vergessen wir nicht: Hier ist es Michelle Pfeiffer, die das Fabelhafte zwischen die Baker Boys bringt.

„Frantz“ – oder: Die Kraft der Lüge

Ein Film von François Ozon (2016)[15]

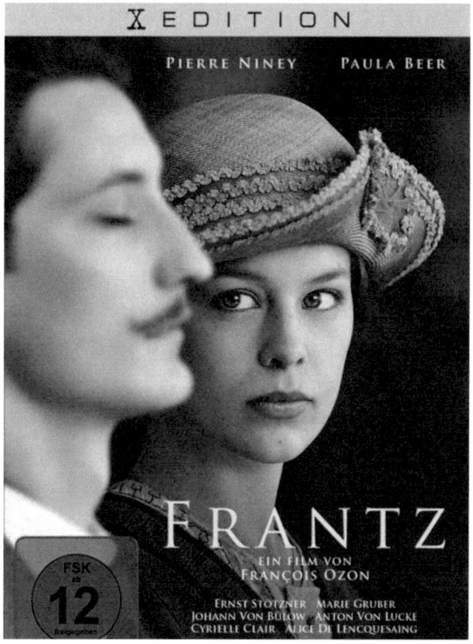

Quedlinburg, ein Ort in Deutschland im Frühjahr 1919. Der Erste Weltkrieg ist seit kurzem vorüber, ein Friedensvertrag geschlossen. Die Straßen des Städtchens sind von Fachwerkhäusern gesäumt. Es ist ruhig in den Gassen. Allenfalls eine müde Blaskapelle zieht über das Kopfsteinpflaster. Nur manchmal torkeln zu später Stunde ein paar grölende Gestalten durch das Dunkel der Gassen. In den Kneipen wird mit der Demütigung des Versailler Vertrags gehadert; trotzig aufbegehrend gegen die Schmach der Niederlage ertönt aus Männerkehlen *Die Wacht am Rhein*. Über allem aber lastet das stille Leiden der Menschen über den Verlust ihrer Söhne und Männer, der Schrecken und die Trauer über die Katastrophe des großen Krieges.

Gleich eingangs begleitet die Kamera eine junge Frau, in Trauerkleidung mit gesenktem Blick, zum Friedhof, wo sie das Grab ihres gefallenen Verlobten Frantz Hoffmeister besucht. Jeden Tag aufs Neue schmückt die junge Anna (Paula Beer) das Grab mit Blumen. Sie lebt bei ihren Fast-Schwiegereltern, die sie in ihr Haus aufgenommen haben.

Eines Tages legt nicht nur sie, sondern auch ein Fremder Blumen auf das Grab; zu elegant für Quedlinburg, trauernd, blass. Dieser Fremde ist Adrien (Paul Niney), ein „Franzmann“, wie der Friedhofswärter verächtlich bemerkt, ein Erbfeind, dem man mit Misstrauen begegnet, hat er doch vor kurzem noch auf der falschen Seite gekämpft. Anna spricht den mysteriösen Mann an, der ihr erzählt, ihren Verlobten vor dem Krieg in dessen Zeit in Paris gekannt zu haben.

Falsche Fährten

Bereits nach diesen ersten Sequenzen wundert sich der Betrachter darüber, dass ein Soldat, zu Tode gekommen auf den Schlachtfeldern des Krieges, nicht in einem Massengrab in der Fremde liegt, sondern auf dem Friedhof seines Heimatortes gebettet sein soll. Auch fragt er sich, was den geheimnisvollen Fremden hier her auf den Gottesacker treibt.

Aber Zweifel, Irritationen und falsche Fährten soll es im Verlauf dieses Films noch mehr geben - eines Films, der eine Geschichte wie aus alter Zeit erzählt, formal noch verstärkt durch die Wahl der Schwarzweiß-Bilder, die einen geradezu nostalgischen Charakter haben (die, im Übrigen, auch aus der Not eines knappen Budgets geboren wurden). Der gelegentliche Wechsel ins Farbige mit kontrastierend-zartbunten Tupfern aber deutet an, dass es um mehr als ein unheimliches Historiendrama geht.

Eine weitere Merkwürdigkeit: Der Name des Verstorbenen ist nicht Franz, vielmehr Frantz, mit einem harten „t“ in der Mitte, was den Namen doch recht wenig deutsch wirken lässt; sozusagen ein deutsch-französischer Frantz. Ein junger Mann, der mit Verlaine auf den Lippen für Volk und Vaterland in den Krieg zog. Auffallend auch: das sprachliche Oszillieren, der häufige Wechsel zwischen deutsch und französisch in der Konversation von Anna und Adrien.

Das Thema des Perspektivenwechsels scheint sich wie ein Ariadnefaden durch den Film zu ziehen. Solches ist nicht verwunderlich, denn der Regisseur Francois Ozon (*8 Frauen*, *Das Schmuckstück Swimming Pool*, *Jung und schön*) ist ein Meister der Halbwahrheiten, der Umdeutungen und Doppelcodierungen. In seinen Filmen steht die Realität immer auf der Kippe. Sie ist etwas, was stets neu verhandelt wird: in den Bildern, den Vorstellungen, die wir mit ihnen verbinden, den Geschichten, die dazu erzählt werden.

Vorsichtige Annäherung

In ersten Teil des Films orientiert sich Ozon im wesentlichen an Ernst Lubitschs Werk *Broken Lullaby* aus dem Jahr 1931, das wiederum auf einem Roman von Maurice Rostand basiert. Während Lubitsch – historisch verständlich und angezeigt – eine geradlinige Geschichte über Schuld und Vergebung, über Feindschaft und Versöhnung beginnt, entscheidet sich Ozon darüber hinaus jedoch für eine Erzählung voller Rätsel und Ungewissheiten. Dem bewegenden Appell zur Völkerverständigung bei Lubitsch setzt er ein deutlich ambivalenteres Bild menschlicher Beziehungen entgegen.

Wie im Roman und in Lubitschs Film reist ein junger französischer Ex-Soldat zu einer deutschen Familie, getrieben von erdrückenden Schuldgefühlen und dem Wunsch nach Vergebung und Wiedergutmachung. Er versucht, mit dieser Familie in Kontakt zu kommen, anfangs vergeblich. Vor allem Frantz' Vater, der Arzt Dr. Hoffmeister (Ernst Stötzner), der in jedem Franzosen einen Mörder seines Sohnes sieht, ist noch ganz im Schmerz und im Zorn gefangen. Erst als sich Anna und Adrien ein wenig anfreunden, kommen auch die Eltern dem Fremden näher, ganz gegen die Vorbehalte und trotz aller Anfeindungen im Ort

„Erzählen Sie uns von ihm!"

War es in Paris vor dem Krieg? Erzählen Sie uns von ihm!, bittet Frantz' Mutter (Marie Gruber). Und Adrien beginnt zu erzählen. Das Schwarz-Weiß-Bild wird farbig und eine bunte Geschichte beginnt, mehr noch, es entwickelt sich ein Dickicht aus Geschichten, ein Ineinander der Erzählformen.

Wir sehen zwei junge Männer durch den Louvre schlendern, wir sehen, wie sie Bilder von Monet betrachten, wir beobachten sie schäkernd in einem Tanzlokal. Rückblenden, Fabulierkunst, Fiktion, Wunschbilder? Alles möglich, aber naheliegend ist der Gedanke, dass die beiden Adrien und Frantz sind, die sich vor dem Krieg in Paris vergnügen. Aber es scheint, als sähen Anna und die Eltern Bilder vor sich, die Adrien so gar nicht erzählt hat.

Auch hätte ihn mit Frantz die Liebe zur Kunst, vor allem zur Musik verbunden. Eingeblendet die Szene, wie Adrien dem Freund über die Schulter greift, um zärtlich seinen Violinbogen zu führen. *Machen Sie uns glücklich.* Und der junge Franzose erfüllt dem alten Deutschen und dessen Frau diesen Wunsch: Er spielt auf der Geige des Sohns und erweckt den toten deutschen Soldaten Frantz für einen Moment wieder zum Leben.
Wie in Lubitschs Film lässt sich der Vater auch hier von Adriens Geschichte das Herz erweichen, und es ist durchaus nachvollziehbar, dass die Eltern nur allzu gern bereit sind, ihm den Platz eines Stiefsohnes einzuräumen und beginnen, Anna als dessen neue Braut zu sehen. Und Adrien gibt sich gern den Illusionen der anderen hin.

Dennoch: Trotz Adriens Bitte um Vergebung dafür, dass er lebt, während der Freund zu Tode gekommen ist, und trotz der berührenden „Neukomposition" der Familie, regen sich beim Betrachter leise Zweifel über die ungeklärte Natur von Adriens Beziehung zu Frantz, die trotz (oder wegen) der deutlichen Hinweise auf Begehren und tiefe Leidenschaft so sehr im Dunkeln bleibt. Wenn sich dann aber die Szene vom schwermütigengen Kammerspiel weitet ins farbsatte Naturspektakel, wenn man Anna und Adrien vergnügt über Felsklippen springen sieht und beim Tanzabend glücklich erlebt, ist es Ozon wieder gelungen, einen in den Bann seiner fast schon unheimlich anmutenden „Romanze in Moll" zu ziehen.

Dass er aber mehr als eine berührende Geschichte über Feindschaft und Annäherung, Schuld und Vergebung erzählen will, wird endgültig deutlich, als Adrien nicht mehr bei seiner Erzählung bleiben und dem Druck dieser Romanze nicht mehr standhalten kann, sodass er Anna eines Tages das Geheimnis seiner „Beziehung" zu Frantz offenbart. Er erzählt, was wirklich passiert ist. *Es muss ein Ende haben – diese Komödie!* Seine Beichte, die erschütternde Wahrheit behält Anna jedoch für sich (auch hier soll sie nicht verraten werden), da sie möchte, dass die Eltern, die dank Adriens vermeintlicher Freundschaft mit Frantz ihren inneren Frieden gefunden haben, diesen bewahren können.

Die Kunst der Lüge – Ringen um Wahrheit

Nach Adriens dramatischem Geständnis und seiner brüsken Abreise verlagert der Film in seinem zweiten Teil die Perspektive und den emotionalen Schwerpunkt auf Anna. Anna, die sich den Erzählungen des jungen Franzosen hingegeben hat, um dem toten Verlobten nahe zu sein, die dabei dem unbekannten Fremden immer nähergekommen ist, so nah, dass es den Anschein hatte, als werde er den Platz des Toten einnehmen. Sie, die durch die Enthüllung des Geheimnisses schwer erschüttert, bitter ge- und enttäuscht worden ist, die aber für Frantz' Eltern die Kraft der Lüge aufrechterhält, um sie vor unerträglichem Schmerz zu schützen, um ihnen zu helfen, weiterzuleben.

Besonders deutlich zeigt sich nachfolgend, dass es Ozon nicht nur um die Kunst des Verzeihens und der Aussöhnung geht, sondern auch um die Kunst der Lüge, um Lebenslügen und (Selbst-)Täuschungen; darum, eine passende, weil erträgliche Geschichte zu finden, aber auch um das Ringen um Wahrheit, um Verwandlung sowohl im Persönlichen als auch im Gesellschaftlich-Kollektiven.

Während Lubitschs Film in Deutschland bleibt, begibt sich Ozons Anna nach Frankreich. Nachdem sie eine tiefe Krise durchlitten hat, macht sie sich auf den Weg und folgt dem abgereisten Franzosen in seine Heimat – mutig, ein ganz eigener Kraftakt der Versöhnung! Sie geht in der Hoffnung, Adrien wiederzusehen, aber auch, um das Gefängnis der Lüge zu verlassen. Einst war Adriens erfundene Erzählung für sie die Rettung. Jetzt aber drängt es sie, der Frage nachzugehen, was Lüge und was Wahrheit ist, um daraus eine für sie stimmige Erzählung zu erschaffen, die dann auch ihrer inneren Wahrheit entspricht.

Zufällig stößt Anna bei ihren Nachforschungen auf Frantz' ambivalentes Leben im Paris der Vorkriegszeit. Als sie die Absteige sieht, in der Frantz gelebt hat, muss sie ihre Vorstellungen von dessen Treue revidieren. Als sie schließlich Adrien nach langer Suche und nach etlichen beklemmenden falschen Fährten wiederbegegnet, ist es keine allzu große Überraschung, dass auch dieser nicht derjenige ist, den sie sich in ihren Träumen ausmalte. Zwei Enttäuschungen, aber Anna ist dabei, sowohl die verlorene Liebe als auch eine erträumte zu überwinden.

Hier wie dort

Ozon hat seinen Film in einer Art „Spiegelfuge" komponiert, hat ihm eine Reihe von Wiederholungen und Dopplungen gegeben. Er spielt liebevoll mit Klischees und Vorurteilen: In der Quedlinburger Kneipe trinken natürlich alle Männer Bier, im Pariser Bistro genießt man den Wein, die deutschen Mädchen tanzen zu volkstümlicher Musik im Kreis, die Französinnen dagegen eilen grazilen Schrittes über die Boulevards.

Jenseits des schönen Scheins wird Anna gewahr, dass nicht nur in Deutschland, sondern auch in Frankreich Eltern ihre Söhne in den Krieg geschickt haben, dass auch hier Freundschaften, Familien und Leben zerstört wurden. Sie hat in Deutschland erlebt, wie die Männer nach wie vor einen Patriotismus hochhalten, der eigentlich in den Schützengräben des Krieges hätte untergehen müssen. Wenn die Kneipenrunde in Quedlinburg das anti-französische *Die Wacht am Rhein* anstimmt und wenn jetzt in Paris in einem Bistro gleichsam als Echo zu dieser Szene die *Marseillaise* geschmettert wird, jedes Mal spürt Anna, welch unheilige Allianz Verblendung, Trauer, Wut und Zorn eingegangen sind. Hier wie dort wird an starren Vorstellungen festgehalten. Es ist klar, wer Freund und wer Feind ist, wer Täter und Opfer, was Lüge und Wahrheit, wer die Guten und wer die Bösen sind, eine klare Einteilung des Lebens in ein Entweder-oder, in Schwarz und Weiß – was der Film in seiner Bildsprache auch formal deutlich unterstreicht.

„Es macht mir Lust zu leben."

Je länger je mehr drängt sich die Frage auf, wie Anna mit den ernüchternden Erfahrungen zurechtkommt. Sie hat sich den Enttäuschungen gestellt, sie durchgestanden, darunter gelitten, vielleicht auch ein Stück weit verarbeitet; und bleibt deshalb nicht in Hass- und Rachegefühlen hängen (*Wer nicht leiden will, muss hassen*, H.-E. Richter).

Trotz aller Desillusionierungen schafft es Anna, handelnde Figur zu bleiben. Immer wieder ringt sie darum, all die erlebten Widersprüche, Ambivalenzen, ja Paradoxien auszuhalten und zusammenzubringen. Zwar hat sie sich auf die Suche nach ihrer persönlichen Wahrheit gemacht, dennoch hat sie den Wert der Lüge erkannt und kann deshalb gegenüber Frantz' Eltern die Fiktion von der glücklichen Freundschaft zu Adrien aufrechterhalten. Überdies fasst sich Anna, inzwischen eine gereifte, selbstbewusste junge Frau (hinreißend Paula Beer, die dafür in Venedig mit dem Preis der besten Nachwuchsschauspielerin ausgezeichnet wurde) ein Herz und entschließt sich, ganz einfach in Paris zu bleiben.

Wenn Anna in der Schlussszene, wie Frantz in Adriens Erzählung, im Louvre in Gedanken versunken vor Monets Gemälde *Der Selbstmörder* sitzt, ist dies, als ob sie in die eigene Vergangenheit blicke, als ob sie erkenne, dass Täuschung und Enttäuschung, Verlust, Verzweiflung und das Gefühl der Ausweglosigkeit hinter ihr liegen. Sie kann nun die Erlebnisse wie in einem Bild aus der Distanz sehen und trotz allen Schreckens weiterleben. Die Schwarz-Weiß-Welt ist für sie Geschichte. *Es macht mir Lust zu leben*, sind ihre letzten Worte – und die Kamera lässt sie in strahlender Farbpracht erblühen.

„Green Book“ – Eine besondere Freundschaft[16]

Ein Film von Peter Farelly, 2018

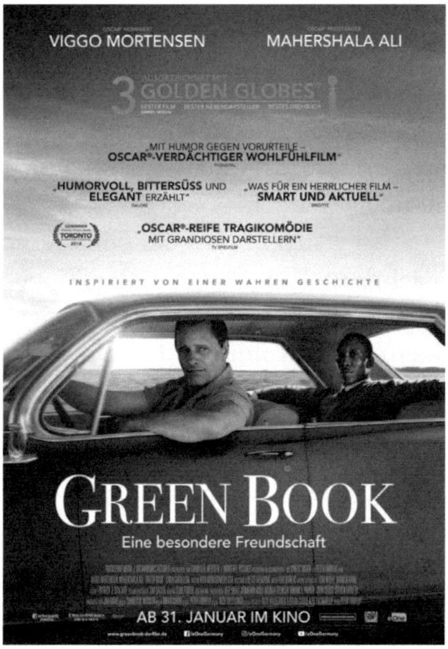

„Black lives matter”, eine Bewegung, die sich in den Vereinigten Staaten gegen Gewalt gegen Schwarze einsetzt, ist seit der Tötung des Afroamerikaners George Floyd im Mai 2020 auch bei uns ins Blickfeld geraten.

Rassismus und Rassendiskriminierung haben in den USA – und nicht nur dort – eine lange Tradition. Bis in die 60er Jahre des vergangenen Jahrhunderts gab es durch eine Reihe von Gesetzen ein umfassendes System zur Aufrechterhaltung der Rassenhierarchie vor allem in den Südstaaten. Den wenigen Farbigen, die sich ein Auto leisten konnten, konnte es passieren, dass sich Tankstellen, Werkstätten, Ärzte, Hotels und Restaurants weigerten, ihnen ihre Dienste anzubieten. Deshalb war bei Reisen das *Negro Motorist Green Book* ein hilfreicher Führer mit nützlichen Hinweisen und Adressen für schwarze Amerikanerinnen und Amerikaner.

Durch die Veröffentlichung der Civil Right Acts von 1964, die solcherlei Diskriminierung von Schwarzen verbot, wurde der Reiseführer zumindest formell überflüssig. Just in der Zeit vor 1964 ist die Handlung des Films *Green Book* angesiedelt, eine Geschichte, die von einer wahren Begebenheit inspiriert ist. Man kann in *Green Book* ein Roadmovie über institutionalisierten Rassismus sehen oder einen Film über eine, zwar romantisierte, gelingende Beziehung. Reizvoll ist aber auch, ihn unter dem

Blickwinkel der Wirkung kultureller und transgenerationaler Komplexe zu betrachten und den Wandel zweier extrem gegensätzlicher Persönlichkeiten zu verfolgen.

Ein ungehobelter Klotz

Tony Vallelonga (Viggo Mortensen), wegen seiner großen Klappe auch „Tony Lip" genannt, stammt aus ärmlichen Verhältnissen aus der New Yorker Bronx, ist Italoamerikaner, ungebildet und über die siebte Schulklasse nicht hinausgekommen. Da er auf die „Kraft schlagender Argumente" vertraut, hat er einen Job als Türsteher im New Yorker Nachtclub Copacabana. Ansonsten schlägt er sich und seine Familie mit Gelegenheitsarbeiten durch.

In den ersten Szenen des Films lernen wir diesen ungehobelten, grobschlächtigen Klotz samt seiner Sippe ausgiebig kennen. Zwei Kinder, eine liebenswerte Frau und unzählige italienischstämmige Freunde bevölkern seine Wohnung. Es geht laut und lärmig zu. Tony ist ein maßloser Raucher und ein ebenso leidenschaftlicher Esser. Nicht klar zu erkennen, inwieweit er ein Rassist ist. Allerdings, wie die meisten in seiner Umgebung misstraut er seinen schwarzen Mitmenschen. Er nennt sie herablassend „Auberginen" oder „Kohlen". Zu sehen ist eine Szene in seiner Wohnung, in der er Gläser, aus denen zwei schwarze Handwerker getrunken haben, kurzerhand in den Müll wirft. Offensichtlich, dieser Protagonist und sein Milieu sind ganz im Sinne des Klischees von „Machos" und „Proleten" gezeichnet.

Als Tonys Nachtklub renoviert wird, braucht er für einige Wochen einen anderen Job. Er erfährt, dass er die Möglichkeit hat, Chauffeur für einen gewissen Doktor Don Shirley (Mahershala Ali) zu werden. Dieser habe vor, sich auf eine längere Reise zu begeben. Allerdings ist „Doc" Shirley kein weißer Arzt, wie Tony zuerst vermutet, sondern ein berühmter schwarzer Pianist, der für seine geplante Tournee durch die Staaten des amerikanischen Südens einen Fahrer sucht, der gut mit „Ärger" umgehen kann und auch jemanden, der ihm seine Schuhe putzt und seine Hemden bügelt.

Solcherlei Ansinnen lässt Tony zögern, vor allem aber irritiert ihn, dass der Doktor über der Carnegie Hall wohnt und wie dieser ihn beim Vorstellungsgespräch empfängt: eine weite, luxuriöse Wohnung, geschmückt mit unzähligen fremdartigen Kunstgegenständen. Der Doc sitzt erhöht auf einer Art Thron, fast priesterlich in ein afrikanisches Gewand gehüllt.

Ein eigenartiges Bild: Einerseits der thronende, betont distanzierte Doc, groß, von zarter Statur, alles strahlt Noblesse aus, mutet geradezu manieriert an – andererseits zu seinen Füßen Tony, in dem sich alles sträubt, der sich nicht zum Schuhputzer und Bügler erniedrigen lassen will. Obwohl er zuerst das Angebot ablehnt, übernimmt er auf Drängen seiner Frau dann doch den Job.

Ein merkwürdiges Gespann

Und so wagen diese beiden so verschiedenen Charaktere ihr gemeinsames Abenteuer.

Wahrscheinlich kommen sie sich näher, womöglich werden sie Freunde – eine filmisch wohlbekannte Konstellation, derer sich der Regisseur Peter Farelly angenommen hat. Mag sein, dass dabei so etwas wie eine Fortführung bzw. ein Gegenstück zu *Ziemlich beste Freunde* (2011) oder *Miss Daisy und ihr Chauffeur* (1989) entstanden ist, wie einige Kritiker bemängeln. Mag sein, dass sich der Film so mancher Klischees bedient oder dass es sich um ein weiteres Werk nach dem Muster des „White Savior" handelt, wie es der „Spiegel" missbilligend nennt.

Regisseur Peter Farelly war bislang nicht für subtile Dramen bekannt. Vielmehr drehte er zusammen mit seinem Bruder ziemlich erfolgreiche Albernheiten wie *Dumm und Dümmer* (1994) oder *Schwer verliebt* (2001). Mit seinem ersten Solofilm *Green Book* ist ihm aber ein Streifen gelungen, der unterhaltsam und spannend vom Zusammenprall der Kulturen, von Rassismus und Klassenkonflikten erzählt, eine Geschichte, die berührt, und dies vor allem auch durch seine beiden Hauptdarsteller.

Begeben wir uns also mit diesem merkwürdigen Gespann auf die Reise:

Vor der Carnegie Hall steht der türkisfarbene Cadillac bereit, herrschaftlich hat der Meister im Fond Platz genommen. Nur noch das Gepäck müsste vom Gehweg in den Kofferraum geladen werden. Es könnte losgehen. Aber es tut sich nichts. Feindselig und wie gelähmt stehen sich Tony und Don Shirleys Butler gegenüber, zwischen ihnen die Koffer. Wortlos stellt sich die Frage, wer lädt sie ein? Zu sehen ist ein Machtkampf: Wer wird Sieger, wer Verlierer? Wer Chef, wer Diener?

Erst als der Butler die Fracht einlädt, ist Tony zufrieden, er hat die Oberhand behalten, ist in diesem Kampf Sieger geblieben. Eine eindrückliche Szene, emotional hoch aufgeladen, ein komplexhaft besetztes Geschehen, welches verdeutlicht, wie fragil Tonys Selbstwert ist.

Ein nervtötendes Plappermaul

Wie brisant die Frage der Rangordnung für ihn ist, wie heikel er auf jede Gefahr zu verlieren reagiert, zeigt sich auch während der Autofahrt. So kann er es nicht ertragen, wenn das Fahrzeug der begleitenden Musiker seinen Wagen überholt. Jedesmal wird er fuchsteufelswild, schimpft und flucht. Überhaupt erweist sich der Chauffeur für seinen dezenten Chef als ziemlich anstrengend. Beim Fahren ist er pausenlos am Rauchen, Essen, Trinken, Reden, immer wild gestikulierend – ein nervtötendes Plappermaul, das der Doc des Öfteren ermahnt, in seinem saloppen, vulgären Gequatsche innezuhalten.

Alles Bitten, alle Kritik und gutes Zureden sind vergeblich. Tony hält stur an seiner Art zu reden fest, er kann gar nicht anders, einerseits, weil ihm so der Schnabel gewachsen ist, es – geradezu komplexhaft – zur Aufrechterhaltung seiner kulturellen Identität als italienischer Zuwanderer gehört. Andererseits, und das ist wunderbar inszeniert, steht dies in eindrücklichem Kontrast zur gepflegten, elaborierten Ausdrucksweise Don Shirleys und lässt einen angesichts der dadurch entstehenden komischen Situationen immer wieder schmunzeln. Je länger, je mehr zeigt sich, dass die Rustikalität seiner Sprache, ja seines ganzen Benehmens, Tony auch zur Abgrenzung gegenüber der Welt der „feinen Pinkel" dient, was er immer deutlicher zum Ausdruck bringt.

Teil der feinen Gesellschaft?

Beim Blick auf die augenfällig überzeichnete Figur des Don Shirley wundert man sich bald über dessen manierierte Noblesse und seine artifizielle Redeweise und fragt sich, vor welchem Hintergrund dieser Habitus entstanden ist. Erst im Laufe des Geschehens erfährt man mehr aus dem Leben des Don Shirley. Eigentlich ist er als klassischer Pianist ausgebildet, aber seine Agentur hat ihm vorgegeben, dass sich auf der Tour seine Musik zwischen Jazz und Klassik bewegen muss. Immer wird er bei den Konzerten freundlichst begrüßt und in hohen Tönen gewürdigt. „Seinen ersten Auftritt hatte er mit drei Jahren … er ist Doktor der Psychologie und der Musikwissenschaft … war zweimal zu Gast im Weißen Haus." Beeindruckend, es scheint, als sei Shirley Teil dieser Welt der Reichen und Schönen, der feinen Gesellschaft und von ihr akzeptiert. Dennoch, immer fällt auf, dass unter all den Leuten im Konzertsaal er der einzige Schwarze ist: Im Publikum sind ausnahmslos Weiße.

Bemerkenswert auch, wie oft Shirley seinen Chauffeur ermahnt, geradezu bedrängt, sich doch endlich gepflegter auszudrücken, auch nicht mehr zu fluchen, schließlich komme er doch immer wieder mit dem vornehmen Publikum in Berührung – so als ob er sich seiner kulturellen Zugehörigkeit nicht allzu sicher wäre. Dieser massive Selbstwertkomplex scheint die beiden Protagonisten unbewusst zu verbinden.

Denn, je weiter die Tournee in den Süden geht, wird der Pianist jenseits der Konzerte zunehmend in die Welt aller Schwarzen gedrängt. Solche Momente des allgegenwärtigen Rassismus in seiner grausamen Unbekümmertheit zeigt der Film in erschreckenden Szenen, die einem immer wieder den Atem stocken lassen. Wenn Shirley Gefahr läuft, verprügelt zu werden, weil er sich in eine Bar für Weiße verirrt hat, ist das vergleichsweise harmlos, zumal Tony seinem Chef aus der Patsche hilft. Dann wieder werden die beiden brutal von Polizisten verhaftet, weil sie nach Einbruch der Dunkelheit unterwegs sind, was Schwarzen damals in manchen Südstaaten nicht erlaubt war. Don darf zwar in all den noblen Clubs auftreten, aber dort zu speisen oder auf die Toilette zu gehen, ist ihm verwehrt.

Nachfahre von Sklaven

Besonders beeindruckend ist folgende Sequenz, gewissermaßen eine Schlüsselszene: Wegen einer Panne muss Tony den Wagen anhalten. Schwarze Feldarbeiter betrachten von jenseits des Straßengrabens das merkwürdige Geschehen, in dem ein weißer Mann einen Schwarzen durch die Gegend fährt, halten inne, auf ihre Arbeitsgeräte gestützt, ungläubig, stumm und unbewegt – arme, verhärmte, elende Figuren. All ihre Blicke sind in die Kamera gerichtet. Erbarmungswürdig, fast ein Passionsgemälde.

Die Kamera hält dieses Bild für einen Augenblick fest. So als ob sie, die Rolle des Dritten übernehmend, das Publikum und auch Don Shirley an die Sklaven des Südens erinnern möchte. Und für einen kurzen Moment ist bei ihm zu erkennen, dass er von ihrem Anblick berührt ist, als rufe deren Blick in ihm ein abgewehrtes tiefes Wissen wach, ein Wissen über die Geschichte der Farbigen, über seinen Hintergrund, und dass auch er Nachfahre von Sklaven ist. Aber es hat den Anschein, als könne er sich dem Schmerz dieser Erkenntnis nicht stellen, dem Schmerz der Erniedrigung und Demütigung, dem Versklavtsein. Eine derartige Konfrontation berührt Shirleys kulturellen Komplex mit Macht, sie ist für ihn eine zu starke Herausforderung. Und so mündet dieser kurze Moment des Berührtseins in Shirleys gewohnt distanzierte Arroganz, in einsames Erstarren und Wegschauen, als habe er mit all dem nichts zu tun.

Bislang hat ihm seine Begabung und Disziplin nicht nur seine Karriere ermöglicht, sondern hat ihn in New York auch vor Übergriffen geschützt, und doch wird im Laufe des Geschehens deutlich, dass ihn seine Besessenheit, als schwarzer Musiker auch mit klassischem Repertoire von Weißen anerkannt zu werden, auf andere Weise versklavt hat, so dass er sich zunehmend von sich selbst entfernt hat.

„Das sind doch Ihre Leute!"

Indem er weißer als die Weißen sein wollte („nicht jeder kann Chopin spielen so wie ich") hat er den Kontakt zu seinen Wurzeln verloren. Wunderbar die Szene, als Tony während der Fahrt im Autoradio populäre „schwarze Musik" hört, die dem Doc unbekannt ist. Musik von Little Richard? Chubby Checker? Aretha Franklin? Nie gehört! „Aber das sind doch Ihre Leute", ruft Tony empört. Noch sagt Don Shirley nichts, aber man merkt, dass diese Musik etwas in ihm zum Schwingen bringt und er sie mit Freude hört. Je länger man die beiden auf ihrer Reise begleitet, desto deutlicher wird, dass die so unterschiedlichen Charaktere sich zunehmend einander annähern. Es ist eine große Freude, den beiden dabei zuzusehen, wie sie nach anfänglicher Abneigung allmählich Respekt, ja freundschaftliche Gefühle füreinander entwickeln. Es entsteht so etwas wie ein hilfreiches Geben und Nehmen.

Tony, in der Enge seines Clans gefangen, erlebt eine Veränderung seiner Weltsicht. Die Weite und die Farben der Landschaft, die Musik, die sein Chef spielt, erwärmen ihn zusehends und wecken seinen Eros. Doch seine ungeschliffene Sprache macht ihm zu schaffen, wenn er versucht, seinen Lieben zu Hause von seinen Eindrücken zu berichten. Klar, dass ihm der gewandte Shirley dabei hilft, seine Gefühle in die richtigen Worte zu fassen, so dass seine Frau von Tonys Liebesbriefen entzückt ist.

Und Tony ist seinem Chef nicht nur ein verlässlicher Beschützer, der ihn aus widerwärtigen Situationen rettet, sondern auch ein loyaler Begleiter, der ihm dabei hilft, sich auf den Weg zu seinen schwarzen Wurzeln zu begeben. Mehr noch: Als sich herausstellt, dass Shirley Männer liebt, und er deswegen verhaftet wird, weiß Tony, dass er seinen Boss nur aus dem Gefängnis befreien kann, indem er die Polizisten besticht. Auch dessen tiefe Beschämung ist für ihn kein Problem, Tony kann entspannt reagieren, denn aus seinen Erfahrungen in der Clubszene kennt er die Schattenwelt. Kein kritisches Wort, nicht ein abfälliger Kommentar, kein machohaftes Getue.

Dramatische Zuspitzung

Ganz anders, als es während der Autofahrt wegen eines Ausrasters von Tony zu einem geradezu kathartischen Ausbruch von beiden kommt, einer Klage über die jeweils erlittenen Demütigungen:

Don: „War das nötig? Ich muss das mein Leben lang über mich ergehen lassen …" Tony: „Wie? Ich darf mich nicht aufregen, weil ich nicht schwarz bin. Ich bin doch wohl schwärzer als du. Du hast keinen Schimmer, was in deinen Leuten vorgeht, was sie essen, wie sie reden, wie sie leben … Ich weiß genau, wer ich bin … Ich bin einer, der sein Leben lang im selben Viertel in der Bronx lebt … Ich bin das Arschloch, das jeden Tag Geld anschaffen muss … Du, Mr. Bigshot, lebst über einem Schloss, gibst Konzerte für Reiche. Ich leb auf der Straße." Shirley verliert die Fassung, wutentbrannt steigt er bei strömendem Regen aus …

Don: „Ja, ich lebe in einem Schloss. Allein. Reiche Leute bezahlen mich dafür, dass ich Klavier spiele für sie. Wenn ich die Bühne verlasse, bin ich für sie wieder ein Nigger aus dem Busch. Die Kränkung trage ich alleine. Weil ich bei meinen Leuten nicht akzeptiert bin, weil ich nicht schwarz genug bin, nicht weiß genug bin und kein normaler Mann bin … Sag mir, Tony, wer bin ich? ...

Wortlos, geradezu verwandelt steigen beide wieder ein. Es scheint, als habe jeder etwas gespürt und verstanden, von seinen eigenen tiefen Prägungen und denen des anderen.

Mit dem Erleben weiterer Rassendiskriminierung auf ihrer Reise kommt es zu dramatischer Zuspitzung. Man fragt sich, wie lange wird das noch gut gehen? Die letzte Station ihrer Tournee: Birmingham in Alabama. Sechs Jahre zuvor ist Nat King Cole bei einem Auftritt halb tot geprügelt worden, und noch immer herrschen dort dieselben diskriminierenden Vorstellungen.

Am Abend soll Don im Konzerthaus auftreten. Zuvor möchte er im dortigen Restaurant essen, was ihm mit deutlichen Worten verweigert wird. Während Shirley bislang solch entwürdigende Situationen mit stoischer Würde hingenommen hat, widersetzt er sich erstmals mit Nachdruck und sagt das abendliche Konzert ab, auch wenn er damit seinen vertraglichen Verpflichtungen nicht nachkommt. Diesem Schritt kommt eine besondere Bedeutung zu, gibt Shirley doch damit seinen zentralen Modus der Komplexbewältigung durch unerbittliche Anstrengung und Anpassung, durch Kontrolle und Beherrschung auf.

Nicht mehr Unterwerfung unter die diskriminierenden Regeln der Weißen in der Hoffnung auf Anerkennung, sondern würdevolles Eintreten für sein ureigenes Menschenrecht – nicht mehr ausschließlich Chopin als höchstes Pianistenziel, sondern auch Blues und Little Richard.

Der Doc „rockt" den Saal

Vom Hunger getrieben begeben sich Don und Tony nach dem Eklat ins Orange Bird, eine ausschließlich von Schwarzen besuchte Musikkneipe. Interessant zu verfolgen, wie sich die Veränderung in und mit Don Shirley vollzieht. Immer noch wie der große Meister in seinen Pianistenfrack gekleidet, braucht er in dieser ihm fremden Umgebung Beistand und Ermutigung von Tony, sich zu präsentieren. Gewohnt würdevoll streift er seine Rockschöße nach hinten, nimmt das Whiskyglas vom Klavier und spielt – Chopin.

Er, ausgebildet in klassischer Musik, dem von seinen Managern gesagt wurde, das Klassikpublikum akzeptiere auf der Bühne keinen schwarzen Pianisten, jetzt traut er sich zum ersten Mal, in der Öffentlichkeit Chopin zu spielen – vor farbigem Publikum. Ein befreiendes Wagnis und ein voller Erfolg, denn er begeistert die Zuhörerschaft. Herzerfrischend, mit welcher Freude und Leichtigkeit er sich dann der Band bei ihren Jazz- und Soul-Melodien anschließt. Denn auch ohne Steinwayflügel „rockt" er den Saal!

Damit könnte die Geschichte einen stimmigen Abschluss gefunden haben. Um sie aber ganz abzurunden, lässt der Film Tony und Don sich auf den Heimweg machen – schließlich wollten sie Weihnachten zu Hause sein. Und: Don Shirley entschließt sich, seine vornehme Isoliertheit aufzugeben, er nimmt Tonys Einladung an, mit dessen Großfamilie Weihnachten zu feiern. Ein etwas rührend-kitschiges Finale. Aber als zweites Happy End eine feine „Zugabe".

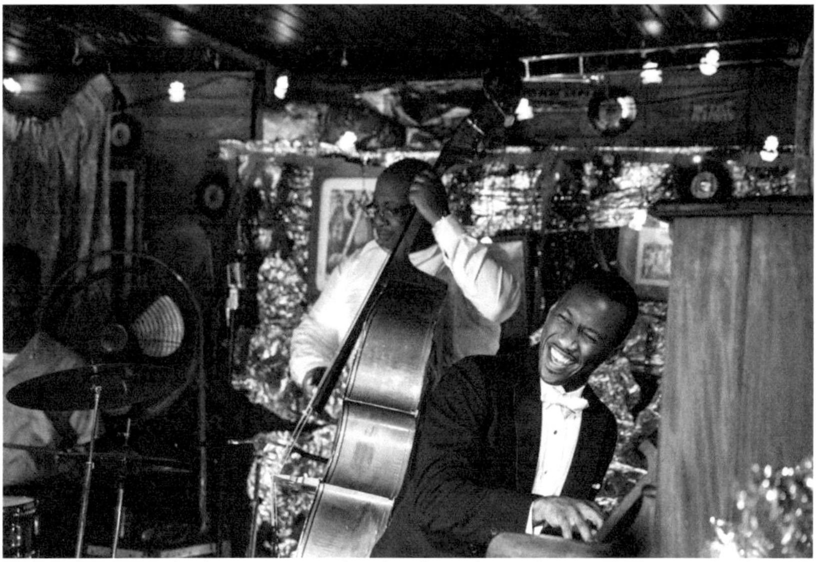
Auch ohne Steinway-Flügel rockt er den Saal. Don Shirley (Mahershala Ali

Kino, das kritische Themen behandelt, darf es trotzdem unterhaltsam und wohltuend sein? Auf diese Frage kann *Green Book* eine Antwort geben, denn ein schwerer Stoff ist mit leichter Hand inszeniert, der Film erzählt einfach eine wunderbare Geschichte.

Vielleicht besticht er nicht so sehr als Stück über Rassismus, vielmehr als bewegende Charakterstudie. Ein wahres Filmvergnügen!

„Le Havre“[17]

Ein Film von Aki Kaurismäki, 2011

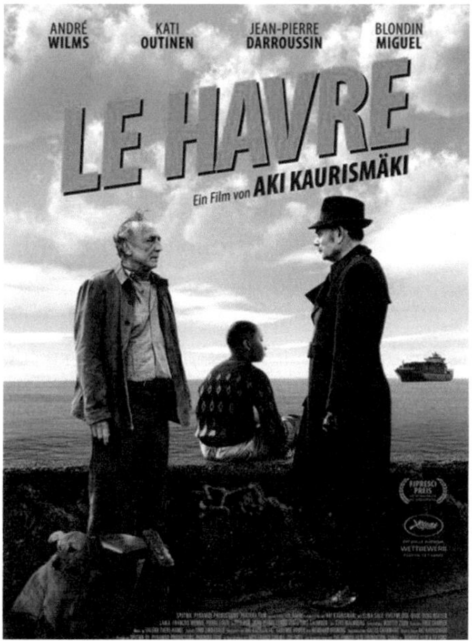

Der finnische Regisseur Aki Kaurismäki trat in Deutschland zum ersten Mal 1986 durch seine Teilnahme am Filmfestival in Selb und an der Berlinale 1988 in Erscheinung. Einem breiteren Publikum wurde er jedoch erst 2006 mit seinem Film *Lichter der Vorstadt* bekannt.

In den Filmen seiner *Proletarischen Trilogie* begründete Kaurismäki seinen Ruf als Erzähler von sozialkritischen Geschichten. Diese Filme – *Schatten im Paradies* (1986), *Ariel* (1988), *Das Mädchen aus der Streichholzfabrik* (1989) – nennt Kaurismäki Erinnerungen an die finnische Wirklichkeit. In ihnen beleuchtet er die Nöte der kleinen Leute und ihre Versuche, das Elend und die Misslichkeiten in ihrem Leben zu bewältigen. Sie sind sowohl eine sensible Beschreibung als auch eine Würdigung der finnischen Arbeiterklasse.

Ein noch deutlicheres Bild einer Gesellschaft in Schieflage zeichnet Kaurismäki in seiner *Finnischen Trilogie*, auch *Trilogie der Verlierer* genannt. In *Wolken ziehen vorüber* (1996), *Der Mann ohne Vergangenheit* (2002), *Lichter der Vorstadt* (2006) werden Schicksale von Menschen in sozialen Randmilieus thematisiert. Sie erzählen vom Verlust der Arbeit, widmen sich Obdachlosigkeit und Einsamkeit, zeigen Brüche in den Biografien ihrer Protagonisten, gebrochene Figuren, die als Antihelden an die Figuren des *Film noir* erinnern, weil sie wie diese nur verlieren können.

Minimalismus als Stilmittel

Kaurismäkis Filme sind bekannt für ihre sparsamen Dialoge – immer wieder gibt es Sequenzen von fast quälend langem Schweigen. Sie sind gekennzeichnet durch eine unkonventionelle Ästhetik der Kargheit, kein Bild, kein Wort zu viel, die Schauspieler sparsam im Ausdruck, zurückhaltend in Mimik und Gestik: Minimalismus als durchgängiges Stilmittel.

Auch die Interieurs wirken äußerst reduziert und stilisiert, meist in den kaurismäkitypischen Blautönen gehalten. Oft trostloses Grau-blau, manchmal das Stimmungsbild aufhellendes Grün-blau. Solchem Blaustich setzt die Kamera immer wieder deutliches Rot oder Gelb entgegen, um Momente der Vitalität, der Liebe, der Hoffnung anzudeuten, bzw. um die Absurdität einer Situation zu unterstreichen.

Aber bei allem Jammer und Elend, dem melancholischen Abbild der Gesellschaft, den die Filme vor Augen führen, leuchtet in ihnen Humor auf, lakonisch, oft ganz zart, manchmal schwarz. Keine Komik, die zu lautem Gelächter animiert, vielmehr zu leisem befreienden Schmunzeln verhilft. Nicht nur der Humor kann als Träger der Hoffnung gesehen werden. Denn bei aller Verzweiflung und Vergeblichkeit schimmern immer wieder Momente der Zuversicht auf.

Meist gibt es am Ende eines Films Szenen, oft nur angedeutet, hingehaucht, die Ausblicke geben in eine Zukunft, die nur besser werden kann. Sei es die Flucht, die im letzten Moment gelingt, sei es, dass die Protagonistin erhobenen Hauptes ins Gefängnis geht, immer ist es der Versuch zu entkommen, die Suche nach einem Ausweg.

Ungewohnte Leichtigkeit

Nach *Lichter der Vorstadt* bedurfte es einer fünfjährigen Pause, bevor Kaurismäki 2011 mit *Le Havre* einen neuen Film schuf. Er ist der erste Teil einer *Trilogie der praktischen Menschlichkeit*, dem er 2017 mit *Die andere Seite der Hoffnung* ein weiteres Werk folgen ließ.

Wenn man sieht, wie die Menschen in Kaurismäkis Filmen straucheln und tief fallen und dass es meist nur Spuren von Hoffnung gibt, stellt sich bei solchen Geschichten oft ein Gefühl tiefer Melancholie und Traurigkeit ein. Aber in *Le Havre* wagt Kaurismäki etwas Neues. Aus den gewohnt skurril-trostlosen Alltagsbildern wird nun eine Geschichte von ungewohnter Leichtigkeit, die er in „realistischer Poesie" erzählt, ein Märchen ganz von dieser Welt.

Wie dieses? Hat sich Kaurismäki neu erfunden? Während des Filmfestivals 2011 in Cannes bekundete er, mit der Zeit älter und sensibler geworden zu sein. Deshalb wolle er von jetzt an nur noch positive Geschichten erzählen. Je skeptischer er auf die Welt sähe, desto sanfter würden nun seine Filme. Und tatsächlich erinnert Le Havre mit seinen zwei Happy Ends mehr an ein modernes Märchen als an eine typische Tragikomödie nach Kaurismäki-Art. Dennoch, er bleibt auch jetzt seinen Themen und stilistischen Eigenheiten treu.

Zwar drehte Kaurismäki den Film in Frankreich in französischer Sprache und mit französischen Schauspielern. Trotzdem wollte er nicht auf seine finnischen Lieblinge verzichten, allen voran auf die Schauspielerin Kati Outinen und auf seinen Hund Laika. Um eine märchenhaft-nostalgische Atmosphäre zu schaffen, blieb er bei seinem bewährten Stammteam, dem Kameramann Timo Salminen und dem Cutter Timo Linnasalo, der die Szenen wie gewohnt extrem langsam macht. Auch bleibt es bei den grau-blauen Grundtönen seiner Bilder, die durch besonders deutliche Rot- und Gelbtupfer belebt werden.

Erschütterung der gewohnten Ordnung

Auch in *Le Havre* stehen die „kleinen Leute" im Zentrum des Geschehens. Aber das Spektrum dieser Gesellschaft ist weiter geworden, sodass der Plot des Films zu einem Gefüge aus verschiedenen Welten wird. Zwar waren die Menschen in Kaurismäkis Filmen schon immer irgendwie auf der Flucht, in *Le Havre* aber nimmt er das Flüchtlingsthema direkt in den Fokus. Und so erzählt er eine Geschichte, in der es auch um Flüchtlinge geht und um deren Schicksal. Doch der Film wechselt gewissermaßen die Perspektive, indem er als Protagonisten einen Mann ins Zentrum stellt, voll guten Willens und unerschütterlichem Optimismus und einer abenteuerlichen Beharrlichkeit, einen Menschen, der entschlossen zur Tat schreitet:

Marcel Marx (André Wilms), der seinen Vornamen nach dem von Kaurismäki bewunderten französischen Regisseur Marcel Carné und seinen Nachnamen nach Karl Marx hat, ist als Schriftsteller und Bohemien in Paris gescheitert. Jetzt ist er Schuhputzer in Le Havre und führt mit seiner Frau Arletty (Kati Outinen) – benannt nach der französischen Schauspielerin Arletty in Carnés *Die Kinder des Olymp* – ein bescheidenes, aber zufriedenes Leben, eingebettet ins einfache Milieu seines Wohnviertels. Die Welt ist in Ordnung, das Leben könnte so weiter gehen.

Bis zwei Ereignisse seinen gewohnten Alltag durcheinanderbringen, sein Leben in Unruhe versetzen. Seine ernsthaft erkrankte Frau muss plötzlich ins Krankenhaus, und Marcel trifft am Hafen auf Idrissa (Blondin Miguel), einen Flüchtlingsjungen aus Afrika, der sich vor der Polizei versteckt, und dem Kommissar Monet (Jean-Pierre Darroussin) bereits auf den Fersen ist. Idrissa will illegal weiter zu seiner Mutter nach London.

Gelingende Solidarität

Was tun? Klar, dass der Junge verloren ist, wenn er der Polizei in die Hände fällt. Ganz selbstverständlich nimmt sich der Schuhputzer des Jungen an und versteckt ihn bei sich zu Hause. Und jetzt geschieht etwas, was es so noch nie bei Kaurismäki gegeben hat.

Immer war er in seinen Filmen auf der Suche nach Solidarität, meist vergeblich.

Jetzt erzählt er die Geschichte gelingender Solidarität. Da sind Marcels Nachbarn, die Bäckersfrau, der Gemüsehändler, die Wirtin der Bar, in der er sein Feierabendgläschen trinkt, bei allen ist er beliebt, obwohl der arme Schlucker bei ihnen tief in der Kreide steht. Als sie mitbekommen, dass Marcel den kleinen Flüchtling bei sich daheim versteckt, überhäufen sie ihn ohne Bedenken mit Lebensmitteln.

Es scheint, als habe sich Marcel, angerührt durch die beiden Schicksalsschläge, geöffnet für die Not anderer und als habe dies eine überschäumende Energie und Entschlossenheit in ihm frei gesetzt. Denn die Nachbarschaft im Arme-Leute-Viertel entwickelt sich zur Solidargemeinschaft, Menschen, von denen Marcel solches gar nicht erwartet hätte, zeigen Freundlichkeit, Mitgefühl und Hilfsbereitschaft. Miteinander setzen sie Himmel und Hölle in Bewegung, damit der Junge die Weiterreise antreten kann. Da sich inzwischen herausgestellt hat, dass er für den Transfer durch Schleuser 3000 Euro braucht, organisieren sie ein Benefizkonzert mit dem Altrocker „Little Bob“, dem „Elvis von Le Havre“. Er gibt eine gelungene Vorstellung, das benötigte Geld ist beisammen.

Vertreter von Recht und Ordnung?

Aber die Rettungsaktion wird immer schwieriger, denn der einzige Bösewicht in der Geschichte, Marcels Nachbar (Jean-Pierre Léaud), denunziert ihn bei Kommissar Monet.

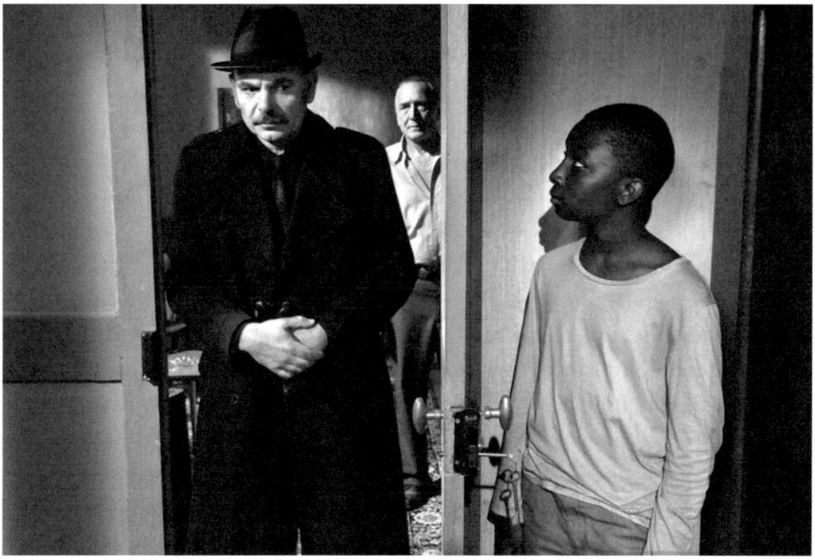

Polizist und Mitmensch. Monet (Jean Pierre Darrousin) und Idrissa (Blondin Miguel).

Und Monet, von seinem Vorgesetzten dringlich ermahnt, den jungen Flüchtling bald zu fassen, kommt Idrissa auf die Spur. Überraschenderweise greift er aber nicht zu, als er bei Marcel zu Hause unvermittelt auftaucht: „Es weht ein eisiger Wind draußen. Danke, dass Sie mich rein gelassen haben." Erstaunlich? Es ist nicht die erste Äußerung des Kommissars, die zeigt, dass er zwar Vertreter von Recht und Ordnung ist, aber nicht der Büttel einer herzlosen, kalten Staatsmacht.

In der Situation zu Anfang, als ein Polizist am Hafen auf den entwischenden Idrissa schießen will, verhindert dies der Kommissar: „Sind sie verrückt? Es ist doch ein Kind." Und an anderer Stelle: „Ich komme als Freund", oder „Ich habe auch eine empfindliche Stelle im Herzen." Schließlich warnt er Marcel in höchster Gefahr vor dem anstehenden Zugriff der Polizei. Durch diesen Akt der „praktischen Mitmenschlichkeit" können sich Marcel und Idrissa in Sicherheit bringen.

Polizist und Mitmensch

Monet, im Filmgeschehen eine durchaus wichtige und interessante Figur, die einer genaueren Betrachtung wert ist: Im Habit eines klassischen Kommissars des „Film noir" auftretend – schwarzer Trenchcoat, schwarzer Hut, schwarze Lederhandschuhe – und immer streng blickend, ist Monets Rolle eigentlich als die eines Gegenspielers von Marcel angelegt, und über weite Strecken scheint es, als wären sie dies auch. Aber je länger je mehr wird deutlich, dass sich hinter dieser Fassade ein „Mitmensch“ verbirgt, der zu Mitgefühl und Empathie fähig ist. Und letztlich kommt er zur selben Entscheidung wie Marcel, nämlich dem jungen Flüchtling zu helfen.

Doch anders als dieser muss sich der Kommissar mit den Normen und Regeln seines Berufs auseinandersetzen. Es scheint, als passe die oft unbarmherzige, starre Persona des Gesetzeshüters nicht (mehr) zu ihm als alterndem Kommissar, als sei es für ihn an der Zeit, eine Verbindung herzustellen zu der „empfindlichen Stelle“ in seinem Herzen. Und es zeigt sich, dass er dabei ist, einen Weg zu finden, wie für ihn als Polizist Mitmenschlichkeit möglich ist.

Dennoch – seine ambivalente Haltung ist bis zu den letzten Bildern des Films zu erkennen. Dies erhält die Spannung und versetzt den Zuschauer in einen Zustand des Hoffens und Bangens. Nie ist man sicher, ob die Rettung des Jungen gelingt.

Als seine Polizistenkollegen das Boot, mit dem Idrissa den Hafen verlassen soll, durchsuchen wollen, versperrt er die Luke, unter der sich der Junge versteckt hält und beteuert, alles sei in Ordnung, um dann aber auf den zweifelnden Blick des Polizisten – ganz den Spielregeln der Hierarchie entsprechend – mit der Frage zu antworten: „Wollen Sie meine Autorität in dieser Situation bestreiten?“

Der eigentlich Rettende

Auch wenn die Rettung Idrissas im Zentrum steht, kann der Junge als der eigentlich Rettende gesehen werden. Er ist es, der Liebesgeschichten inspiriert, der Beziehungen belebt, durch ihn werden Veränderungen angestoßen.

Die Flüchtlinge haben keine Stimme, aber Kaurismäki verleiht ihnen ein Gesicht. Ein Gesicht, das man nicht so schnell vergessen wird. Idrissa, dessen Blick einerseits seine Not, seine Angst, seine Hoffnung zum Ausdruck bringt und dessen An-Blick andererseits Energie, Zuneigung, Opferbereitschaft, Empathie mobilisiert, durchaus im Sinn des Kindarchetyps der Analytischen Psychologie.

Er steht damit für die Notwendigkeit des Sich-Berührenlassens als Voraussetzung für Entwicklung und Wandlung. Obwohl anfänglich

Kontrahenten, sind sich Marcel und Monet nähergekommen. Vom Anblick des Jungen tief berührt, hat das Geschehen beide verändert, ihnen zu einer Korrektur, gar Wandlung ihrer Persönlichkeit verholfen. Der freie „wurstige" Bohémien und der Hüter des Gesetzes verkörpern zwei Persönlichkeitsaspekte, die der Ergänzung bedürfen. Und so verwundert es nicht, dass Marcel, als das Schiff den Hafen verlassen hat und sie wieder an Land sind, den Kommissar fragt: „Dürfte ich Ihnen bei einem Glas Wein meine Entschuldigung anbieten?", und dieser ebenso freundlich und respektvoll antwortet: „Warum nicht bei einem Calva."… Vielleicht ist dies „der Beginn einer wunderbaren Freundschaft." Nicht genug: Kaurismäki gönnt seinen Figuren und dem Zuschauer noch ein zweites Wunder, indem er einen unglaublichen Schluss aus dem Ärmel schüttelt und Marcels Frau Arletty als geheilt aus dem Krankenhaus entlässt.

Ein Märchen aus der Wirklichkeit

Eine Story – zu schön, um wahr zu sein? Sie könnte unerträglich kitschig sein, wenn sie nicht von Kaurismäki erzählt würde.

Le Havre – als zweitgrößter Handelhafen Frankreichs und wichtiges Wirtschaftszentrum – verfügt über ein hochmodernes Stadtensemble mit herausragender Architektur. Nichts von alledem zeigt der Film. Stattdessen inszeniert Kaurismäki eine Geschichte voller nostalgischer Bilder. Die Orte sowie die Figuren wirken seltsam antiquiert, geradezu museal: Die Straßen, die Häuser, Marcels winzige Wohnung, das Interieur, ein altmodisch gekleideter Kommissar, sein Renault 16, die Bar mit dem herrlich unpassenden Namen „La Moderne", alles kunstvoll stilisiert, ein Hauch der 50er Jahre.

Aus lang vergangenen Zeiten sind auch die vielen Anleihen aus klassischen französischen Filmen, mit denen die Geschichte gespickt ist. Mit *Hafen im Nebel*, den Marcel Carné 1938 drehte, ist Le Havre als Szenarium vorgegeben, eine Rückschau, für Kaurismäki ein Erinnerungsort. Es heißt, er habe Le Havre auch als Drehort gewählt, weil sie als Stadt des Blues, Souls und Rock´n Roll gilt, verständlich bei Kaurismäkis Begeisterung für besondere Filmmusik – auch sie strahlt den Charme vergangener Tage aus. Alles ist anachronistisch und durchweht von Nostalgie. Um so gegenwärtiger und bedrängender ist dagegen der Kern der Geschichte, denn dieses Gestern der Szenerie wird zum Schauplatz der aktuellen Flüchtlingsproblematik. Mit den illegalen Einwanderern bricht ein

Stück hochbrisanter Realität in diese stilisierte vergangene Welt ein, wie „Boten aus der Wirklichkeit." Erschreckend die Szenen mit hochgerüsteten Polizisten, die bereit sind, auf „Terroristen" zu schießen. Wie ernst es Kaurismäki mit dieser aktuellen Thematik meint, lässt sich daran ablesen, dass er es sogar wagt, Dokumentaraufnahmen von der Räumung des „Dschungels von Calais" einzumontieren, die erschrecken, aber nicht als Fremdkörper wirken.

Eine Welt, die ganz künstlich ist und sehr real. Wie lässt sich das zusammenbringen? Bei aller Ernsthaftigkeit wirkt die Geschichte, als sei sie aus der Zeit gefallen, als sei sie zeitlos wie ein Märchen. So als suche Kaurismäki Zuflucht im Märchenhaften als kraftvollem allgemein-menschlichen Möglichkeitsraum. Als wolle er damit einer grausamen Realität die in allen Menschen verwurzelten Sehnsüchte entgegenhalten und Lösungen „praktischer Mitmenschlichkeit" anbieten.

Weil Kaurismäki, wie er sagte, „für Sozialreportagen zu sensibel" sei, übersetze er seinen Zorn über die demütigende Behandlung der Flüchtlinge in seine ureigene Erzählweise, die jedes Bild stilisiert und die Fabel ausdrücklich zum Märchen ausspinnt. (Rainer Gansera in: Süddeutsche Zeitung 7.09.2011)

Bei den Dreharbeiten habe er zu Marcel-Darsteller André Wilms einmal gesagt: „Es ist mir vielleicht nicht gelungen, die Welt zu verändern, aber ich hoffe doch stark, dass die Welt uns nicht zu sehr verändert hat!" (SZ 7.09.2011)

„Neruda“ – Ein changierendes Spiel zwischen Realität und Fiktion[18]

Ein Film von Pablo Larraín, 2017

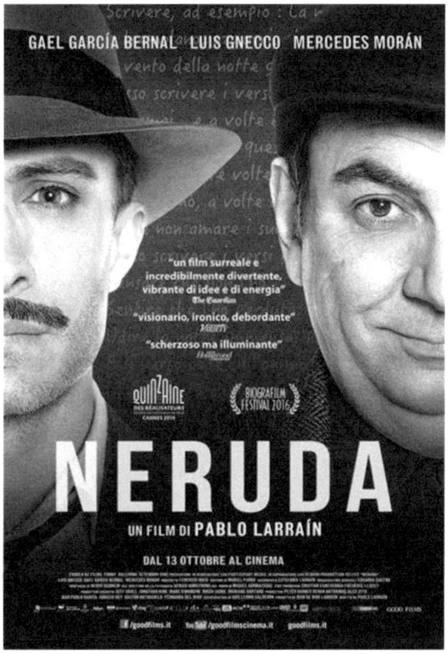

Unvergesslich der Film *Il Postino (Der Postmann)*, jene charmante Komödie aus dem Jahr 1994, in der Michael Radford die Geschichte um eine ungewöhnliche Männerfreundschaft erzählt, die Freundschaft zwischen dem Briefträger Mario und dem berühmten Dichter Pablo Neruda. Eine bittersüße Geschichte um Liebe und Poesie und um deren verzaubernde Macht, die Neruda in einem äußerst freundlichen Licht zeigt. Ganz anders hat sich 2017 der chilenische Filmemacher Pablo Larraín der Person des Poeten in seinem Film *Neruda* angenommen.

Über viele Jahre hat sich Larraín mit der Geschichte seiner Heimat Chile beschäftigt. In seinen frühen Filmen *Tony Monero* (2008), *Post Mortem* (2010), *No* (2012) setzt er sich intensiv mit der Zeit der Militärdiktatur unter Augusto Pinochet auseinander. Für seine antiklerikale Tragikomödie *El Club* erhielt er 2015 auf der Berlinale den Großen Preis der Jury.

Inzwischen hat sich der Regisseur dem Genre der Filmbiografie zugewandt. 2016 entstand *Jackie – die First Lady* (mit Natalie Portman), sein erster englischsprachiger Film, dem 2021 *Spencer* (mit Kristen Stewart als Prinzessin Diana) folgte. In beiden Filmen versucht er, sich biografisch dem Leben dieser Frauenfiguren zu nähern, indem er vor allem von der

Vergänglichkeit von Macht und Glamour erzählt und die Verlorenheit und Verzweiflung, aber auch die Rebellion der Protagonistinnen zeigt.

Den ungeschriebenen Regeln des Genres folgend erzählt Larraín in beiden Filmen in fiktionalisierter Form das Leben geschichtlich belegbarer Figuren von durchaus gesellschaftlicher Relevanz, wobei er, auch hier wieder den „Kriterien" des Biopic entsprechend, Lebensabschnitte der dargestellten Berühmtheiten filmisch zusammenfügt.

Ein „Anti-Biopic"

2017 entstand Larraíns Film *Neruda*, ein Film über den chilenischen Dichter und Politiker Pablo Neruda (1904-1973), der für viele als die dichterische Stimme Lateinamerikas steht und der 1971 mit dem Nobelpreis ausgezeichnet wurde. Neruda gilt als Schöpfer ausdrucksstarker Liebesgedichte (*20 Liebesgedichte und ein Lied der Verzweiflung*), aber auch surrealer Traumpoesie. Nicht zuletzt wird er für seine sozialpolitisch und historisch engagierte, kämpferisch links positionierte Lyrik geschätzt. (Sein opus magnum *Canto General, Der Große Gesang* – ist sowohl eine epische Kosmografie des lateinamerikanischen Kontinents als auch eine Ode an die einfachen und armen Menschen.)

Obwohl Larraín in seinem Film ebenfalls einen Ausschnitt aus dem bewegten Leben des Dichters zeigt, bezeichnet er dieses Werk als „Anti-Biopic". Dies wohl deshalb, um zu vermeiden, dass seinem Film dokumentarischer Charakter unterstellt wird. In der Tat ist der Streifen weniger ein Portrait des berühmten Dichters und Kommunisten, eher ein Film in seinem Geist. „Wir wollten eine Welt erfinden, so wie Neruda sich die seine erfunden hat … Wir wollten einen Roman erzählen, von dem wir gerne hätten, dass Neruda ihn mit Vergnügen liest", erklärte der Regisseur bei der Vorstellung seines Werkes.

Schon die ersten Bilder des Films unterstreichen dieses vielschichtige, changierende Spiel zwischen Realität, Fiktion und Unwirklichem, oft Abstrusem: Ein Raum im chilenischen Senat, prunkvoll wie ein Salon. Die Senatoren, zumeist Vertreter der chilenischen „Aristokratie", der Reichen und Mächtigen, honorig versammelt, rauchend und über Nerudas kommunistische Haltung und seine plebejische Herkunft lästernd. Dann der Auftritt des Dichters und Senators Pablo Neruda (Luis Gnecco), jovial die Schar bewundernder Journalisten grüßend und offensichtlich sich seiner Wichtigkeit bewusst. Jedoch gesellt er sich nicht zu seinen Kollegen, sondern geht zu einer Wand, an der Pissoirs angebracht sind und erleichtert sich, währenddessen er sich auf einen klassenkämpferischen Disput einlässt und eine Schmährede auf den Präsidenten Gonzalez Videla hält. Eine Eingangsszene mit symbolhafter Aussagekraft, sie amüsiert und irritiert: Ein repräsentativer Senatorensalon? Eine absurd-pompöse Toilette? Oder gar beides? So oder so, bevor die Geschichte sich entfaltet, ist man bereits eingestimmt auf den Stil dieses Films, eines Films voller Brechungen, seiner Lust an der Fiktion, an Ironie und lakonischem Humor, seiner Freude an surreal-symbolischen Momenten.

Trotz ihrer Surrealität gibt diese Szene jedoch einen Hinweis auf die scharfen Attacken des Dichters auf die repressive antikommunistische Politik des chilenischen Präsidenten im Jahr 1948, die für Neruda in der Folge zum Verlust seiner Immunität führt. Um einem Haftbefehl zu entgehen, muss er zusammen mit seiner Frau Delia del Carril (Mercedes Morán) für ein Jahr in den Untergrund abtauchen.

Kein Heldenepos

Larraín macht aus der Verfolgung nun aber kein überbordendes Heldenepos. Als ob er am Mythos des chilenischen Nationalpoeten, dieser Ikone, kratzen wollte, wird der Dichter als bunt schillernde Figur gezeichnet, als ein Mann, der seinen Ruhm genießt, als selbstverliebter Genussmensch mit einer Vorliebe für Frauen, Wein und Poesie – als Salonkommunist, bekannt für seine Schalkhaftigkeit. Daraus kann keine geradlinige Handlung werden, vielmehr wird eher ein Versteckspiel erzählt, eine oft skurrile Katz-und-Maus-Geschichte, in welcher der Protagonist eine diebische Freude am Entkommen hat, ein Abenteuer, unkonventionell und immer wieder verwirrend. Und in der Tat hatte dieser Bonvivant und Kindskopf eine Vorliebe für Kriminal- und Spionageromane, weshalb Larraín ihn seine Flucht als Häscherdrama mit literarischem Witz inszenieren lässt.

Klar braucht es dazu einen Gegenspieler: Kommissar Peluchonneau (Gael García Bernal, *Die Reise des jungen Che; No*), der den Auftrag hat, den Dichter aufzuspüren. Mit Schlapphut und Menjou-Bärtchen an eine Comicfigur erinnernd, könnte er auch einem Film noir entsprungen sein. Als Sohn einer Kurtisane wittert er die ersehnte Aufstiegschance. Vor Ehrgeiz glühend und sich immer überschätzend, ist er seiner Aufgabe nicht im Geringsten gewachsen. Lang ist von ihm im Geschehen nichts zu sehen.

Nur eine Stimme aus dem Off ist zu hören, die in der Folge das filmische Geschehen mit meist kritischen und herablassenden Anmerkungen erzählend begleitet.

Als Neruda eines seiner legendären Kostüm- und Künstlerfeste feiert, sich als Lawrence von Arabien verkleidet und sein berühmtes Gedicht *Puedo escribir los versos más tristes esta noche* – „*ich könnte die wehmütigsten Verse schreiben in dieser Nacht* ... mit gewohnt großem Pathos rezitiert, kommentiert diese Stimme abfällig: „Wie peinlich, dieses Bauernschulgedicht vorzutragen, geschrieben vor über zwanzig Jahren", um sarkastisch zu ergänzen: „Viele Frauen glauben, er mache Liebe mit einer Rose zwischen den Zähnen und springe danach auf, um ein von ihnen inspiriertes Gedicht zu verfassen." Sodann bemerkt er über das Publikum des Dichters – Künstler und Intellektuelle: „Sie wissen nicht, wie es ist, auf dem Boden zu schlafen. Aber sie sind alle Rote." Erst nach 15 Minuten kann man die Stimme dem Polizisten zuordnen, als er verkündet: „In diesem Haus wird gleich eine sagenhafte Jagd ihren Anfang nehmen!"

„Eine wilde Jagd"

Neruda wird von seinen Genossen über die drohende Gefahr informiert. Sie legen ihm nahe, sich durch Flucht seiner Verhaftung zu entziehen, doch der Dichter zweifelt ihren Rat an. Überzeugt von seiner Größe und Bedeutung kann er sich nicht vorstellen, „mich unterm Bett zu verstecken". Dann jedoch findet auch er Gefallen an der Vorstellung, dass es „eine wilde Jagd geben muss".

Und so wird die Geschichte dieser „fabelhaften Verfolgung", einer „wilden Jagd" erzählt, wobei deutlich wird, dass Neruda nie recht an eine drohende Gefahr glaubt, weshalb er auch nicht seine Gepflogenheiten ablegt. Bietet sich etwa die Gelegenheit zu einem Bordellbesuch oder an einer Orgie teilzunehmen, ergreift er die Gelegenheit. Immer wieder wundert man sich über die dekadent-großbürgerlichen Anwandlungen des glühenden Kommunisten, über seine Verführbarkeit, seinen Hang zu Luxus und Bequemlichkeit, oft gepaart mit überheblich zynischen Äußerungen: „Hygiene ist eine bürgerliche Tugend", und „Dass wir nicht putzen, hat politische Gründe", bescheidet er einem Genossen, der ihm Unterschlupf gewährt hat. Geschickt legt Larraín die Spur aus, Neruda als Protagonisten darzustellen, der das Theaterstück, das Drehbuch der Geschichte, gewissermaßen selbst schreibt – und dazu noch die Regie führt. Zunehmend wird deutlich, dass

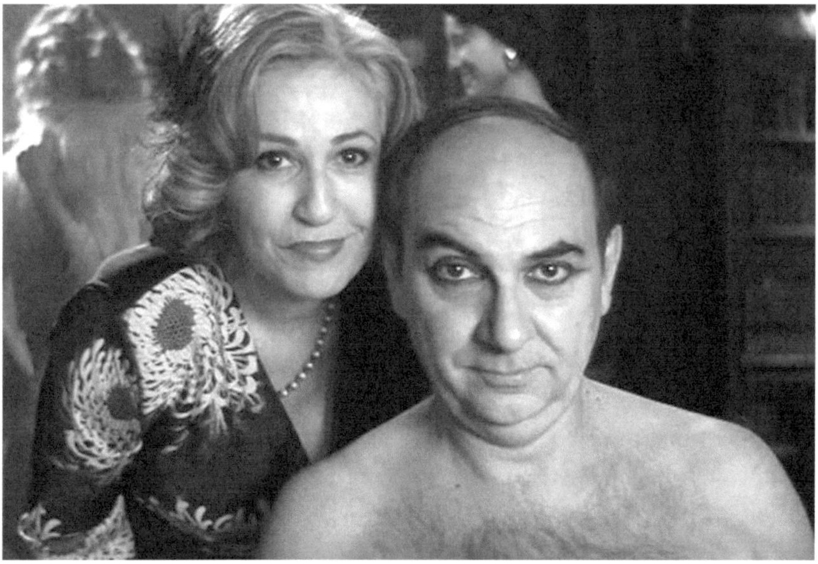

Pablo Neruda (Luis Gnecco) und Delia del Carril (Mercedes Morán).
Ich könnte die wehmütigsten Verse schreiben in dieser Nacht.

selbst sein Gegenspieler Peluchonneau eine Figur ist, die „durch die Worte des Dichters erschaffen wird", wie es heißt.

Eine meisterhaft entworfene Schattenfigur, mit deren Hilfe der Film die Möglichkeit erhält, sich einer komplexen Persönlichkeit wie der Nerudas anzunähern. Der Detektiv scheint sich in dessen Gedanken vorzüglich auszukennen. Er erfasst alles: Neruda als Politiker, als Poet, als Liebhaber, Feiernder und Emigrant. Dennoch oder vielleicht gerade deshalb kann er den Gejagten in der Realität nicht zu fassen bekommen.

„Ich fordere Strafe"

Dieses Katz-und-Maus-Spiel, das Artifizielle der Inszenierung, unterbricht Larraín immer wieder durch konzentriert-ernsthafte Momente. Wenn er zeigt, wie Arbeiter brutal verhaftet und verhört, wie vermeintliche Kommunisten ins Lager gebracht werden, in welchem bereits der spätere Diktator Pinochet Kommandant ist, dann sind solche Szenen nicht mehr in diffuses Gegen- oder Zwielicht getaucht, sondern sind jetzt glasklar gezeichnet und dazu noch untermalt vom insistierenden Refrain „Ich fordere Strafe" aus dem Gedicht *Die Feinde*.

Nicht mehr Nerudas frühe Gedichte rücken nun in den Vordergrund, sondern solche aus dem Werk, welches er während seiner Flucht zu Ende und unter die Leute bringt – dem *Canto General*. Seine Verse erreichen die Menschen; Unter der Hand besorgen sie sich die Texte. Sie lieben sie, weil diese Zeilen ihr elendes Dasein beschreiben und ihrem Leben Würde verleihen.

In Windeseile wird der *Canto General*, diese poetische Enzyklopädie, zum Oratorium der Arbeiterklasse Lateinamerikas. „Er könnte ein Stück Papier aus der Tasche ziehen, und zehntausend Proletarier würden still sein, um ihn zu hören, wie er seine Poesie liest, mit seiner eigenen Stimme“, erkannte schon bald der um seine Macht fürchtende Präsident, als er dem Kommissar die Wichtigkeit seines Auftrags erklärt. Und so verweilt der Film nicht mehr nur beim Poeten als Hallodri, der einen oft schmunzeln, aber auch zweifeln, ja verzweifeln lässt.

Larraín gelingt es nun, die Wirkmacht von Nerudas Poesie zu zeigen. Nicht von ungefähr heißt es, die mobilisierende Kraft und die Stärke seiner Dichtkunst beruhe darauf, dass sie als Gegensprache zum Faschismus wirke, als Gemeingut, das niemand ausschließt, er sei ein Dichter der einfachen Leute, ein Poet der Unterdrückten.

„Diese Worte gaben ihren Albträumen einen Sinn. Sie zitieren ihn, wenn die Geschichte sie mit Füßen tritt“, bemerkt der Detektiv treffend. Denn zunehmend hat der Kommissar ein Gespür für Nerudas Verse entwickelt. Er ist nun nicht mehr der sarkastische Kommentator, sondern wird zum einfühlsamen Begleiter und Erklärer des Geschehens.

Showdown in den Anden

Nach vergeblichen Versuchen, außer Landes zu kommen, entschließt sich der Dichter zur Flucht nach Argentinien. Der erfolgversprechendste, aber äußerst gefährliche Weg führt über den Süden. Dort soll Neruda mit Hilfe von Schmugglern zu Pferd durch die Wälder Araukaniens und über die schneebedeckten Gipfel der Anden gebracht werden.

Nicht allzu verwunderlich, dass Larraín das hakenschlagende Verwirrspiel in seiner Fülle an Überraschungen und Genreanleihen gleichsam zwingend in ein Ende nach Western-Art münden lässt, zu welchem natürlich ein Showdown im Andenschnee gehört.

Nicht nur durch das Western-Finale ist das letzte Kapitel dieser „wilden Jagd“ beeindruckend in Szene gesetzt. Vielmehr bekommt die Geschichte eine wunderbare Wendung: In der imposanten Bergwelt sind jetzt Bilder zu bestaunen, nicht mehr fotografiert in der Art des Film noir, sondern leuchtend hell und klar – geradezu eine spirituelle Atmosphäre, feierlich untermalt von Klängen Felix Mendelssohn-Bartholdys.

Und diese Schlussszenen, voller Symbolik, gehören zu den berührendsten des Films, denn in ihnen verändert sich der Fokus. Der Verfolger ist Neruda und seinen Gefährten dicht auf den Fersen. Ganz nah sind sich die Kontrahenten gekommen. Jeder weiß um die Nähe des anderen. Sie rufen sich.

Als der Kommissar auf Neruda schießen will, wird er von einem seiner Begleiter niedergestreckt. Der Dichter, jetzt freundlich ins Bild gesetzt, nähert sich der Figur, die ihn „gejagt", aber nie zu fassen gekriegt hat. Es scheint, als könne er nun voller Empathie seinen Verfolger und „Schattenbruder" annehmen, auch dieser Jäger und Gejagter, Underdog und Großhans wie er. „Ich kenne ihn. Er ist mein Kommissar, mein Verfolger, mein Phantom in Uniform. Ich träume von ihm, und er träumt von mir."

Oft hat Peluchonneau, diese tragische Figur, sich danach gesehnt, der Protagonist des Geschehens zu sein und nicht nur dessen Nebendarsteller. Wie durch ein Wunder: Vom Geist und von der Kraft der Poesie erfüllt, erwacht er zum Leben. Neruda hat dessen sehnlichsten Wunsch erfüllt und ihn, den Namenlosen, beim Namen genannt. Und die Stimme aus dem Off, immer noch nicht verstummt, jubiliert: „Du hast meinen Namen gesagt. Ich bin keine Nebenfigur … Ich war aus Papier, nun bin ich aus Fleisch und Blut."

Peluchonneau muss zur Hauptfigur werden, denn in ihm verkörpert sich der typische einfache Leser, der sich mit all seinen Gefühlen und Problemen in des Dichters Werk wiederfindet und erkennt und dessen Leben dadurch Bedeutung erhält.

Larraíns Film hat das Monument Nerudas nicht vom Sockel gestürzt, allenfalls ein Stück weit an ihm gekratzt. Jedoch hat er die Macht seiner Sprache, die Kraft seiner Poesie spürbar gemacht. Ein sehenswertes Meisterstück, „dessen einziger Fehler ist, dass man ihn besser zweimal ansehen sollte" (Nouvel Observateur).

„Rififi“ – Ein Klassiker des „Film noir“[19]

Ein Film von Jules Dassin, 1955

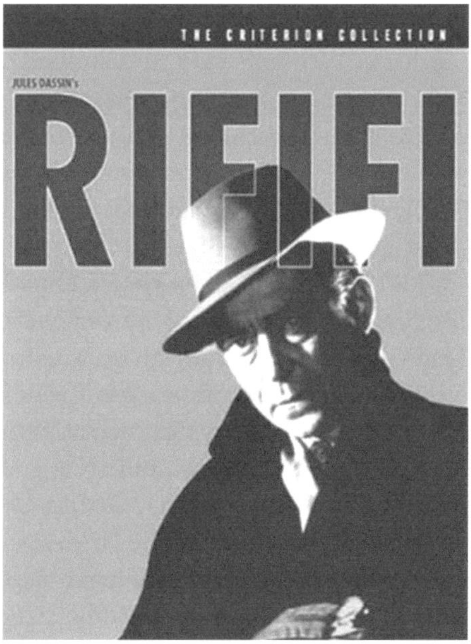

„Im Wald da sind die Räuber ...“ Nicht nur dort, auch in der Stadt treiben sie ihr Unwesen und dies vor allem bei Nacht. So manche Darstellung in den Bilderbüchern unserer Kindheit hat uns tief beeindruckt und arg geängstigt. Manch einer mag sich an jene Szene erinnern: wie der maskierte Einbrecher, die Schiebermütze tief ins Gesicht gezogen, im nächtlichen Dunkel die eingeschlagene Fensterscheibe geschickt durchsteigt, in der einen Hand seine Taschenlampe, in der anderen den Sack mit dem Diebesgut.

Klar, dass auch der Film schon sehr früh sich der faszinierend-erschreckenden Themen um Mord und Totschlag, um Raub und Erpressung angenommen hat. Schon in der Stummfilmzeit wurde eine Vielzahl von Filmen geschaffen, in denen es um Verbrechen geht.

Auch Hollywoods Traumfabrik hat sich, vor allem nach Aufkommen des Tonfilmes, mit den Dunkelseiten der menschlichen Existenz beschäftigt und in ihren Gangsterfilmen ausgiebig Gewalt und Verbrechen dargestellt. Dabei waren die frühen Gangsterfilme meist ein Abbild ihrer Zeit, oft eng verwoben mit der Alkoholprohibition und den Auswirkungen der Weltwirtschaftskrise in den Vereinigten Staaten. Selbst wenn solche Filme schwere Verbrechen wie Mord und Totschlag zeigten, so äußerten sie doch eine scheinbar unerschütterliche optimistische Weltsicht, in einem Land zu leben, in dem der zivilisatorische Fortschritt selbst angesichts der größten Krisen nicht aufzuhalten war. Oft zeigten diese Filme Aufstieg und Fall eines Gangsters und ihre Botschaft hieß zumeist: Verbrechen lohnt sich nicht. Doch auch wenn sie scheiterten, waren Helden Helden, energiegeladen, voll Tatendrang und meist strahlend.

Gebrochene Helden

Solcherlei Weltsicht fand in den 40er Jahren ihr Ende. Geradezu wellenartig entstanden innerhalb des Genres Filme, die einen Zug ins Irrationale und Fatalistische zeigten, der den bisherigen Gangsterdramen fremd war. Sie wiesen einen düsteren und pessimistischen Unterton auf. Diese jetzt gedrehten „schwarzen" Krimis wurden rückblickend mit dem Etikett „Film noir" bezeichnet.

Als ob nun die Kehrseite, die Dunkel – gar Nachtseite – des amerikanischen Traums ausgeleuchtet werden sollte, spielten diese Gangster- und Detektivgeschichten nun im großstädtischen Chaos aus Korruption, Gewalt und Sex. Nicht nur dunkle Spelunken, verruchte Etablissements und düstere Hinterhöfe erwiesen sich als bedrohlich, vielmehr waren noble Villen und mondäne Klubs mindestens ebenso gefährlich. Nun gerieten auch ganz normale Bürger in den Sog des Verbrechens. Die Protagonisten waren alles andere als strahlende Helden, vielmehr traten jetzt verbitterte und entfremdete Charaktere auf, deren psychische Labilität und Brüchigkeit eine schillernd-bedrohliche Realität zeigt. Oft befinden sie sich in einer unverhofften Situation, in einer moralischen Zwickmühle, uneindeutig und nicht zu lösen nach dem Schwarz-Weiß-Schema des klassischen Hollywoodfilms mit seiner deutlichen Spaltung in gut und böse.

Ein letzter großer Coup

Einer, der sich in den späten vierziger Jahren in Hollywood bereits mit Filmen dieser Art einen Namen gemacht hatte, wegen „unamerikanischer Umtriebe" jedoch mit Berufsverbot belegt wurde, war der Regisseur Jules Dassin. In seiner Not emigrierte er 1952 nach Frankreich, wo er nach langer Schaffenspause 1955 den Film „Rififi" oder im Original „Du Rififi chez les hommes" (Krawall bei den Männern) geschaffen hat. Dieses Werk gilt seit Langem als klassischer Vertreter des französischen „Film noir". François Truffaut bezeichnete es als den besten Kriminalfilm, den er je gesehen habe, basierend auf der schlechtesten Romanvorlage, die er kenne.

Es gibt Filme, die behält man wegen einer einzigen Szene in Erinnerung, Rififi gehört dazu. Aber der Reihe nach ...: Tony le Stephanois (Jean Servais) hat fünf Jahre hinter Gittern verbracht. Wieder in Freiheit – mittellos und gesundheitlich angeschlagen – versucht er einigermaßen Fuß zu fassen. Als ihm von seinen alten Kumpanen angeboten wird, beim nächsten Coup mitzumachen und die Schaufenster eines noblen Pariser Juweliergeschäftes auszuräumen, lehnt er ab; zu schwach und niedergeschlagen fühle er sich. Erst als er erfährt, dass sich seine frühere Geliebte während seiner Zeit im Gefängnis endgültig von ihm ab- und einem Nachwuchsgangster zugewandt hat, verliert er Besonnenheit und Vorsatz. Nun ist er entschlossen, sich an dem Einbruch zu beteiligen. Mehr noch, er will sich nicht mit einer Schaufensterbeute begnügen. Unter seiner Leitung soll es ein richtiges Meisterstück werden: Er will den Tresor knacken.

Die unvergessliche Szene

Akribisch planen die drei Männer ihr Vorhaben. Sie engagieren das Ass der Tresorknacker, widmen sich mit Fleiß den zu erwartenden Schwierigkeiten. Welches ist der geeignete Zugang zum Tresorraum? Wie durchschlägt man ohne Geräusch eine Zimmerdecke? Wie überlistet man eine hoch sensible Alarmanlage? Und wie knackt man dicke Tresorwände?

Nach penibler Vorbereitung kann der zweite Akt beginnen, fast im Sinne einer klassischen Tragödie. Und die nachfolgende Szene kann als Kernstück des Films bezeichnet werden. Inzwischen legendär geworden, bleibt sie für jeden Rififi-Zuschauer unvergesslich: jene Filmsequenz, die den nächtlichen Einbruch der Gangster zeigt. Sie dehnt sich über beinahe 30 Minuten ohne Dialog, ohne Musik, kaum Nebengeräusche, fast könnte man eine Stecknadel fallen hören, nur vorsichtiges Hämmern und Bohren, Männer die nur Blicke brauchen, um sich zu verständigen. Jeder Handgriff sitzt, perfekt geprobt und minutiös eingehalten.

Und der Zuschauer beobachtet die Arbeit der Einbrecher mit angehaltenem Atem, am liebsten würde er ihnen den Schweiß von der Stirn tupfen. Diese Beobachtung, geradezu realistischdokumentierend, mutet an, als solle mit ihr ein Loblied auf Professionalität und Teamwork, auf Handwerkskunst und Einfallsreichtum gesungen werden. So verwundert es nicht, dass nach Erscheinen des Films sich verschiedentlich äußerst kritische Stimmen erhoben, die meinten, das Werk sei „Unterricht für Einbrecher“ und würde am besten aus dem Verkehr gezogen.

Am Ende dieses 2. Akts, nach erfolgreichem Raub, ist es dem Film gelungen, auch den kritischen Zuschauer in einen Zustand versetzt zu haben, der durchaus Bewunderung und Sympathie für das Werk der Gangster hat. Ohne Waffen, ohne Sprengstoff, keine Gewalt, nur mit Grips und der Hände Arbeit ist es gelungen, an die Beute zu kommen. Und die ist immens. Vom größten Juwelenraub des Jahres berichten die Zeitungen am darauf folgenden Tag.

Die Nacht ist allgegenwärtig

So weit so gut. Jedoch: Schon früh spürt der Zuschauer das Unheil, das wie eine Schicksalsglocke über den düsteren Bildern hängt: regennasse, einsame Straßen, finstere Hinterhöfe, verrauchte, schmuddelige Kneipen, heruntergekommene Wohnungen, alles in dunklen, niederdrückenden Grautönen. Die Nacht ist geradezu allgegenwärtig, auch ihre Geschwister, die Schatten. Selten wurde Paris im Film in einem ähnlich düsteren und trüben Licht gezeigt, immer in Schwarz-Weiß, oft in harten Lichtkontrasten, mit symbolträchtigen Schattenwürfen, dabei aber von enorm lyrischer Strahlkraft. So ist zu ahnen, dass der dritte Akt die Sühne, die Rache, das Blutbad bringen wird.

Ein Sturzbach des Verbrechens

Die Tücken des Objekts mögen die Gangster im Griff haben, sich selbst, ihre Triebe und Emotionen aber nicht. Ruhe und geplantes Handeln haben das Geschehen bislang bestimmt. Jetzt jedoch entsteht aus dem scheinbar so perfekten Coup in rasender Geschwindigkeit ein Sturzbach des Verbrechens. Ein kleiner „Fehler" fördert die vielfältigsten Aspekte menschlicher Dunkelseiten zutage, setzt einen Teufelskreis ungezügelter Leidenschaften in Gang. Cesar, Tresorspezialist und Weiberheld, kann angesichts der riesigen Beute der Begierde nicht widerstehen und steckt in einem unbeobachteten Moment einen wertvollen Ring ein, um ihn umgehend und unbedacht Viviane, seiner Geliebten, zu schenken.

Unglücklicherweise arbeitet diese als Sängerin in einem Nachtklub, der von einer rivalisierenden Gangsterbande betrieben wird. Bezeichnend für einen „Film noir", dass hier die Figur der „Femme fatale" auftritt, also jener attraktive und verführerische Frauentyp, der Männer erotisch fesselt und sie meist auf „fatale" Weise ins Verderben stürzt. Und so nehmen die Dinge ihren Lauf. Cesars „Fehler" ist nicht nur ein Verstoß gegen

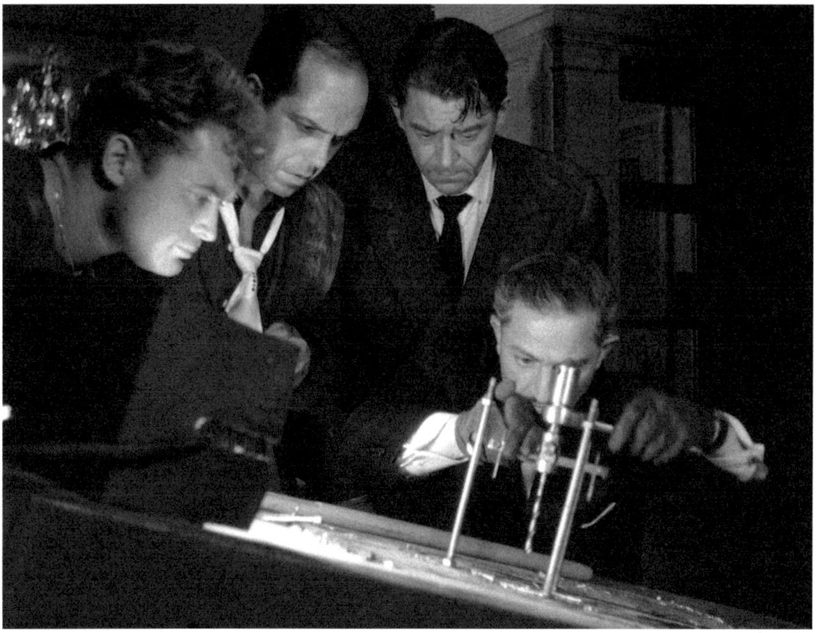

Unterricht für Einbrecher?

die Absprache, die Beute „ehrlich" zu teilen, er verstößt auch gegen die Vereinbarung, diese einige Zeit ruhen zu lassen. Vor allem aber hat er damit Begehrlichkeit und Gier der konkurrierenden Ganoven geweckt und sie auf eine gefährliche Fährte gesetzt. Was folgt, ist eine immer rasanter werdende Dynamik des Geschehens, eine Spirale aus Gier, Wut, Rachsucht und Vergeltung, sinnentleert und fern jeglicher Ratio, Ordnung und Zivilisation, mit einer Zwangsläufigkeit, in der jeder der Beteiligten sein Schicksal findet.

Auch Tony le Stephanois, der kühle Kopf der Einbrecher, wird in diesen Strudel gerissen. Auch er, der zuvor so klar und beherrscht war, wird überschwemmt von solcherlei archaischen Emotionen. Erbarmungslos richtet er Cesar, Kompagnon und Verräter, dem Kodex der Ganovenehre entsprechend. Auge um Auge, Zahn um Zahn. Alles endet in tödlichem Ernst.

Wäre da nicht die Schlussszene. Wir sehen Tony, nach einem Schusswechsel schwer, wenn nicht gar tödlich verletzt, ein Auto lenkend, auf dem Weg zur Frau seines inzwischen getöteten Kumpans. Ihr möchte er die wieder erlangte Beute übergeben, vor allem aber ihren in die verbrecherischen Wirren hineingezogenen kleinen Sohn zurückbringen. Als ob der „gebrochene" Held – im Bild tatsächlich am Zusammenbrechen einen letzten heldenhaften Versuch wage, doch ein anständiger Kerl zu sein, als ob er damit Würde und Menschlichkeit bewahren oder wiedergewinnen möchte; und dazu kontrastierend oder in verfremdender Manier ergänzend der Bub, lustig im Fond des Wagens stehend und mit einer Pistole fuchtelnd, wahrlich ein Bild mit geradezu surrealen Zügen.

Vermutlich gibt es etliche Leserinnen und Leser, denen „Rififi" sehr dunkel, allzu schwarz erscheint. Für sie abschließend der Hinweis, dass der Regisseur Jules Dassin zehn Jahre nach „Rififi" den Film „Topkapi" geschaffen hat, eine ähnliche Einbruchsgeschichte, jetzt aber heiter, ja komisch und in fröhlichen Farben.

„Immer Ärger mit Harry“ – oder: „Wohin mit der Leiche?“[20]

Ein Film von Alfred Hitchcock, 1955

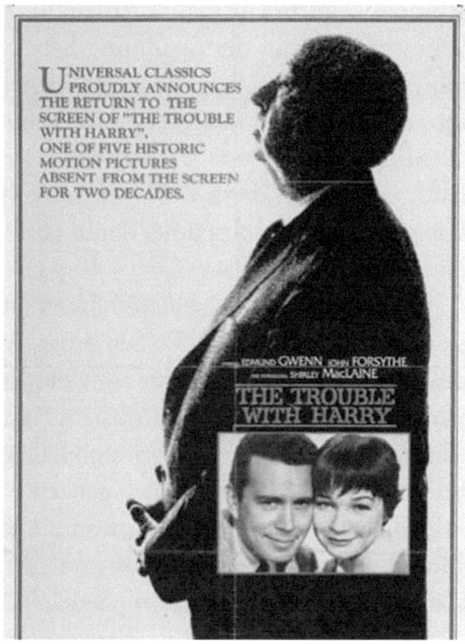

Alfred Hitchcock – geradezu ein Markenname. Über fünfzig Werke hat er der Filmwelt hinterlassen. Thriller, gewagt und oft anstößig, voll Nervenkitzel und Spannung. Filme mit Motiven von Verwirrung und Angst, von Schuld und Sühne, oft kreisend um Themen von Bedrohung und Verlust der Identität, häufig an Studien über Obsession oder Voyeurismus erinnernd.

Nervenkitzel und Spannung in Hitchcocks Filmen bedienen sich weniger der Formen des „klassischen“ Kriminalfilms. Dort entstehen diese zumeist durch Momente der Überraschung. Bei Hitchcock beruht Spannung jedoch darauf, dass der Zuschauer in andauernder Angespanntheit gehalten wird, dass er in einem Zustand permanenter Unsicherheit schwebt. Das deshalb, weil ihm ab einem gewissen Zeitpunkt des filmischen Geschehens Informationen und Umstände bekannt sind, von denen die handelnden Personen aber nichts wissen. Der Zuschauer ist scheinbar ins bedrohliche Geschehen eingeweiht. Dabei entsteht bei ihm eine Reaktion, die aus der Besorgnis um einen Protagonisten kommt. Man sieht Ereignisse kommen, kann aber nicht helfend eingreifen.

Dieses Konzept hat Hitchcock derart einzigartig und genial verwendet, dass man ihn auch als „master of suspense“ bezeichnet hat.

Galliger Humor

Immer verstand es der Meister, seine Filme mit Ironie und einem wenngleich galligen Humor zu versehen. Aber nur ein einziges Mal hat er sich an einer „Komödie“ versucht und dabei mit „Immer Ärger mit Harry“ („The trouble with Harry“) 1955 einen Film geschaffen, der weniger von „suspense“, vielmehr von skurrilem und makabrem Humor geprägt ist. Es heißt, der Meister der Spannung habe mit diesem, seinem „englischsten“ Film testen wollen, ob das amerikanische Publikum mit schwarzem Humor etwas anfangen kann. Besonders erfolgreich war der Film in den USA allerdings nicht. Dass „Harry“ nicht zu Hitchcocks Klassikern gerechnet wird, ist schade, denn er ist ein reizvoller Film, überdies einer jener viel kopierten Hitchcock-Filme, deren Klasse aber in keinem der Remakes erreicht wurde.

Hitchcock hat in seinen Filmen immer wieder die Frage fasziniert „Wohin mit der Leiche?“ – Seine Bösewichter sind dabei meist sehr erfindungsreich. In „Das Fenster zum Hof“ wird sie in einem Koffer aus dem Haus getragen, in „Frenzy“ in einen Kartoffelsack gesteckt. Dabei ist dieses Thema im Geschehen immer ein Nebenplot. In „Immer Ärger mit Harry“ füllt das Problem jedoch einen ganzen Film. Mancher mag sagen, das Spiel mit solch einer Thematik sei wenig oder gar nicht komisch. Jedoch versprühen der schwarze Humor und der Charme vergangener Jahre einen Zauber, dem man sich kaum entziehen kann.

Der Ärger mit Harry ist, dass er tot ist, und sein lästiger Leichnam einer Reihe von unbescholtenen und friedfertigen Bewohnern einer ebenso ruhigen und friedlichen Ortschaft in Vermont reichlich Probleme bereitet.

Eine pure Idylle

Aber betrachten wir uns das Geschehen etwas genauer. Die Geschichte beginnt mit pittoresken Bildern, als solle dem Zuschauer in einem Essay die Schönheit des Herbstes in Neu-England vor Augen geführt werden: ein sonniger Tag, strahlend blauer Himmel, Hügel und Wälder in sanftem Rot, Braun und Gold – wie gemalt! Die Bewohner des nahe gelegenen Dorfes könnten sich des herrlichen Tages erfreuen. So auch der pensionierte Kapitän Albert Wiles, der die Wälder durchstreift und sich auf – allerdings verbotene – Hasenjagd begeben hat. Ebenso seine Nachbarin, die altjüngferliche Miss Gravely, die den schönen Tag zum Blaubeerpflücken nutzt. Auch der Arzt des Dorfes stapft, Gedichte rezitierend, durchs Gehölz. Oder der erfolglose Maler Sam Marlowe, immer auf der Suche nach einem reizenden Motiv. Ruhe, ja Friede liegt über dem Ort, die pure Idylle! Bis, ja bis der kleine Arnie, auch er im nahe gelegenen Wald unterwegs, einen Mann regungslos am Boden liegend findet. Der ist – man kann es sich denken – mausetot. Der Bub rennt zu seiner Mama (die junge Shirley MacLaine in ihrem Filmdebüt), um sie zum Fundort zu holen.

Währenddessen macht sich Jäger Wiles auf die Suche nach seinen erlegten Hasen und stößt auf den leblosen Mann. Sofort ist er davon überzeugt, eine seiner abgegeben Kugeln habe den Mann zur Strecke gebracht. Allerdings, da ist kein Schrecken bei ihm, auch verschwendet er keinen Gedanken daran, sich um Hilfe zu bemühen oder gar den Sheriff zu verständigen. Nein, da der Leblose ganz offensichtlich ein Unbekannter ist und es außerdem ein Unfall war – so die Logik des Schützen – wäre es wohl das Einfachste, ihn schnell im Gehölz verschwinden zu lassen, um ihn dann zu begraben. Doch bevor er die Tat vollbringen kann, überrascht ihn die Beeren sammelnde Miss Gravely. Und nach und nach ist der Wald bevölkert mit einer Reihe von Dorfbewohnern, gibt es ein munteres Stelldichein bei der Leiche: der Jäger, die Dorfjungfer, die junge Mutter, der Arzt, der Maler.

Unangemessene Reaktionen

Angesichts des Toten könnte, ja müsste man annehmen, dass sich die Szene verdüstert, die Protagonisten erschrocken, womöglich erschüttert sind. Jedoch entgegen dieser Erwartung und, eigentlich unangemessen, zeigt keiner von ihnen eine solche Reaktion, geht der Tod niemandem nah. Sie bleiben einfach gleichgültig. Mehr noch, Jennifer Rogers, die junge Mutter, zeigt unumwunden Freude angesichts des Toten. Und der Zuschauer ist konsterniert, als er später erfährt, dass der Tote Jennifers Ex-Mann ist. Miss Gravely, ganz Dame, ist angesichts des Toten weder verwirrt noch verliert sie die Contenance, vielmehr nutzt sie die Gelegenheit, um den alten Kapitän auf den Nachmittag zu Tee und Blaubeermuffins einzuladen. Der Maler hat nur den Blick für das interessante Motiv, und der Doktor bemerkt gar nichts, selbst als er über das Hindernis stolpert.

Immer wieder gestört in seinem Unterfangen, findet Wiles zu guter Letzt im Maler einen Helfer beim Verbuddeln der Leiche. Und jetzt beginnen die Verwicklungen, und allmählich kommt Fahrt ins beschauliche Geschehen. Kaum ist Harry unter der Erde, kommt dem Jäger die Erkenntnis: Drei Schüsse hat er abgegeben. Mit dem ersten Schuss hat er eine Blechbüchse getroffen, mit dem zweiten das Schild „Jagen verboten", und mit dem dritten hat er den Hasen erlegt, da kann er gar nicht der Täter gewesen sein. Um sich dessen ganz sicher sein zu können, besteht er darauf, Harry wieder auszugraben. Tatsächlich, dieser weist keine Schussverletzung auf, hat statt dessen aber eine Schramme am Kopf.

Wohin mit der Leiche?

Doch halten wir an dieser Stelle inne und schnaufen mit Wiles etwas durch. Harry ist unter der Erde. Der Kapitän könnte eine vorläufige und Harry seine letzte Ruhe gefunden haben. Mitnichten! Mehrmals noch wird er begraben und wieder ausgegraben werden. Denn plötzlich scheint es im Ort eine Schar von Tätern zu geben. Keiner von ihnen hat Interesse daran, dass der Sheriff vom Fund erfährt. Und sie haben dafür gute Gründe. Sowohl Miss Gravely als auch Jennifer Rogers fühlen sich für den Tod Harrys verantwortlich. Jede hat ihm aus unterschiedlichen Gründen eine übergezogen. Der Maler, inzwischen für Jennifer entflammt, hat Bedenken, weil er befürchtet, man könne annehmen, dass er Harry aus Eifersucht erschlagen hat. So kommt es, dass die harmlosen und unbescholtenen Personen sich je nach Stand ihrer Überlegungen immer wieder darin einig sind, Harry ein- bzw. wieder auszubuddeln.

Wie bei jedem gekonnt erzählten Witz unterstreichen solche sich wiederholenden Szenen das komische Moment des Geschehens und überzeichnen es hier ins Groteske. Mehr noch, mit diesen Wiederholungen gelingt es, die durchgängige Zwiespältigkeit der Erzählung zugespitzt vor Augen zu führen und zu zeigen, wie sich hinter der Idylle Abgründe auftun, wie hinter der biederen und schlichten Fassade der Dörfler eine nicht zu vermutende kriminelle Energie zutage tritt. Sie lenken, geradezu diagnostisch, den Blick auf die dunklen Seiten der Figuren. Dies aber nicht schadenfroh, gar boshaft, vielmehr wirft Hitchcock einen liebevollen, wohlwollenden Blick auf die Schwächen seiner Helden, und in diesem humorvollen Umgang mit deren Schattenseiten dürfen die Widersprüche bestehen bleiben.

Wenn die Dorfjungfer über ihre Auseinandersetzung mit Harry bekennt: „Ich war erregt, sehr erregt. Ich glaube, ich war noch nie so erregt ge-

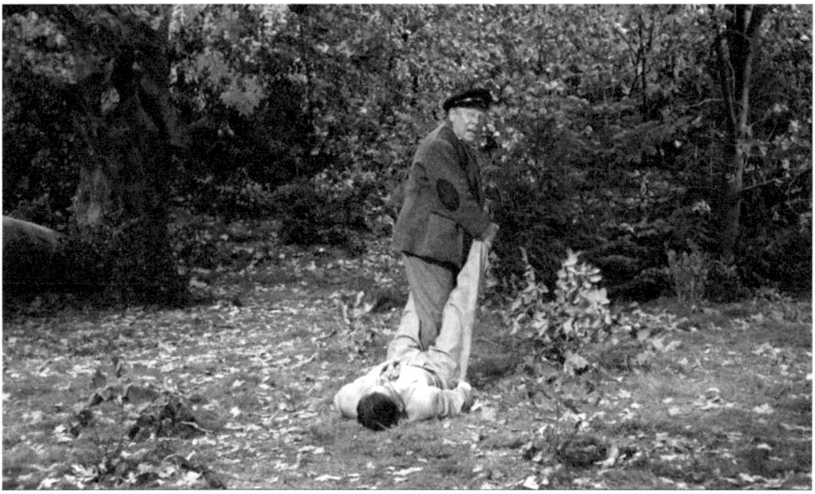

Der Kapitän – Eine Schar von Tätern

wesen", fällt es nicht schwer, ihre große Angst vor ihrer ganz persönlichen Schattenthematik, einer nicht gelebten Sexualität, zu verstehen. Jedoch scheint in den nicht oder allenfalls unbewusst gelebten Seiten – in Miss Gravelys unbewusstem Wunsch nach Sexualität, in Wiles trotteligem „Jagdtrieb", in der Rach- und Vergeltungssucht der jungen Witwe – so viel Wirkmacht zu stecken, dass den Personen der Blick auf die Realität verloren geht. Ganz konkret handelnd müssen sie den Auslöser dieser Verunsicherung und Bedrohung immer wieder aus dem Blickfeld verschwinden lassen – Harry wird verbuddelt.

Wie im Märchen hat die Wiederholung auch hier eine geradezu magisch-rituelle Bedeutung, um das vermeintlich Böse zu bannen. Obgleich dieses im Licht der aufblitzenden Bewusstheit seine Bedrohlichkeit verliert und die eigenen niedrigen Instinkte und Tötungsfantasien weniger real bedrohlich erscheinen, braucht es dennoch der konkret entlastenden Überprüfung – Harry wird wieder ausgegraben.

Vehikel der Veränderung

Neben der ungeheuren Vielfalt der Dialoge, oft sarkastisch und zynisch, aber auch voll von sexuellen Anspielungen sind es zunehmend die köstlichen Bilder jenseits der Eingangsidylle, die dem Film sein besonderes Gepräge geben. Und diese Bilder und Dialoge sind dabei von einer solch

„schrägen", inkongruenten Kommunikation, dass sie beim Betrachter Kopfschütteln, Schmunzeln, ja befreiendes Lachen bewirken. Wenn die „Helden" mit geschulterten Spaten wie die Schildbürger im Dämmerlicht über den Höhenzug schleichen, schattenartig, scherenschnittgleich wie aus dem Märchenbuch genommen – welch faszinierendes „Spiel mit dem Ernst". Wenn das eigentlich ernste, gar makabre Thema immer zwischen Verharmlosung und satirischer Übertreibung changiert, treibt der Film nicht nur ein ironisches Verfremdungsspiel, mehr noch: Er weiß um die befreiende und Spielraum schaffende Bedeutung des Komischen und Skurrilen. Wie so oft ist auch hier das Humorvolle, wenn auch in seiner schwarzen Variante, das Vehikel zu Entwicklung und Veränderung.

Ob Harry letztlich eingebuddelt bleibt, was überhaupt mit der Leiche passiert, zu welchem Ende der ganze Ärger mit Harry führt, sei hier nicht verraten. Nur so viel soll gesagt werden: Harry hat zwar gestört und die Idylle vermiest, er hat zur Lüge gezwungen. Dann aber hat der Ärger mit ihm dazu verholfen, neben der Lüge der Wahrheit, neben dem Licht dem Schatten Raum und Geltung zu verschaffen.

Und so wäre es nicht verwunderlich, wenn mancher Leser schon lange vermutet hätte, das „mörderische Kammerspiel" um Harry könne sich wenden und werde in einem Schwank, gar mit einem Happy End münden? Nein, nicht für Harry, der ist und bleibt tot – aber eines will Hitchcock zu guter Letzt Leinwand füllend festhalten: „The trouble with Harry is over".

„8 Frauen"– oder: Auch Rosen haben schwarze Schatten[21]

Ein Film von Francois Ozon, 2002

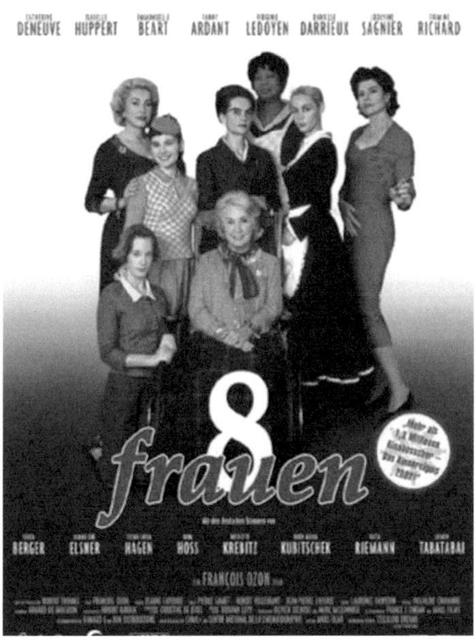

Serienmörder wie Hannibal Lecter in *Das Schweigen der Lämmer*, Psychopathen wie Norman Bates in Hitchcocks *Psycho*, auch skrupellose Schieber, die zynisch „über Leichen gehen" wie Harry Lime in *Der dritte Mann*, wir kennen sie, die üblen Figuren des Kinos. Erstaunlich: Unter den 50 größten Schurken der Filmgeschichte finden sich auf der Top-Liste des American Film Institutes 36 Männer, jedoch nur 16 Frauen, meist Verführerinnen und Femmes fatales, die eine oder andere Rächerin, kaum Mörderinnen.

Um so bemerkenswerter, dass der französische Regisseur Francois Ozon, bekannt durch Filme wie *Das Schmuckstück*, *Swimming pool* oder aktuell *Jung und Schön* mit dem Film *8 Frauen* den Versuch unternommen hat, gleich acht Frauen dem Verdacht eines Kapitalverbrechens auszusetzen.

Die pure Idylle

Wie das? Die Handlung irgendwie bekannt, nicht allzu ausgefallen: Die junge Studentin Suzon (Virgine Ledoyen) kommt nach Hause, um im Kreise ihrer Familie, die in einem vornehmen Landhaus lebt, die Weihnachtsfeiertage zu verbringen. In guter Tradition trifft sich die Verwandtschaft schon am Morgen des Festes. Nach und nach sind im Salon versammelt: Suzon, ihre Mutter Gaby (Catherine Deneuve), die elegante

Hausherrin, Suzons quirlige jüngere Schwester Catherine (Ludivine Sagnier), das Nesthäkchen, das ältliche Fräulein Augustine (Isabelle Huppert), Gabys leicht reizbare und immer giftige Schwester, sowie Mamy, die an den Rollstuhl gefesselte Großmutter (Danielle Darrieux).

Zu diesem Ensemble von Frauen gehört noch Mademoiselle Chanel (Firmine Richard), die Haushälterin, schon seit Ewigkeiten Teil der Familie und deshalb gut vertraut mit den kleinen Geheimnissen eines jeden, aber professionell verschwiegen. Neu im Haus ist das aufreizend-laszive Zimmermädchen Louise (Emanuelle Beart). Dann ist da noch Suzons Vater Marcel (Dominique Lamure), der einzige Mann im Haus, allerdings nicht zu sehen, da er schläft. Eine pure Idylle in großbürgerlichem Stil, das Fest kann beginnen.

Just da kommt der Schock. Louise will den Hausherrn wecken. Ein Schrei: Er ist tot. Und man entdeckt Monsieur Marcel auf dem Bauch liegend mit einem Messer im Rücken. Selbstmord scheidet also aus. Wie sie es aus ihren Kriminalromanen kennt, sperrt Catherine das Zimmer ab: Es darf nichts mehr verändert werden bis die Polizei die Spuren sichert.

Zu aller Überraschung taucht noch eine weitere Person auf der Bildfläche auf: Pierrette (Fanny Ardant), die Schwester des Toten und wegen ihres unsoliden Lebenswandels - sie hat ihr Geld als Nackttänzerin verdient - Intimfeindin der Hausherrin, das schwarze Schaf der so wohlsituierten Familie. Unklar, woher sie gekommen ist, auch wie sie auf Anhieb das Zimmer ihres Bruders findet, obwohl sie, wie es heißt, noch nie dieses Haus betreten hat. Sie habe einen anonymen Anruf bekommen, der sie vom Unglück unterrichtete. Schwer zu glauben! So wird es höchste Zeit, die Polizei zu unterrichten.

Eine geschlossene Gesellschaft

Jedoch schnell ist klar, dass jeglicher Kontakt zur Außenwelt unmöglich geworden ist. Das Telefon, außer Funktion gesetzt, die Kabel des einzigen Autos durchschnitten, zu Fuß das Haus zu verlassen unmöglich, da es völlig eingeschneit ist, selbst das Parktor lässt sich nicht mehr öffnen. Niemand kann kommen, keiner kann sich entfernen, eine geschlossene Gesellschaft. Agatha-Christie-like: der Mörder muss noch da sein – und die Frauen sind sich einig, nur eine von ihnen kann die Mörderin sein. Doch anders als in solchen Situationen bei Agatha Christie ist nicht zufällig ein Detektiv zugegen, der die Untersuchung übernimmt, und so beginnen die

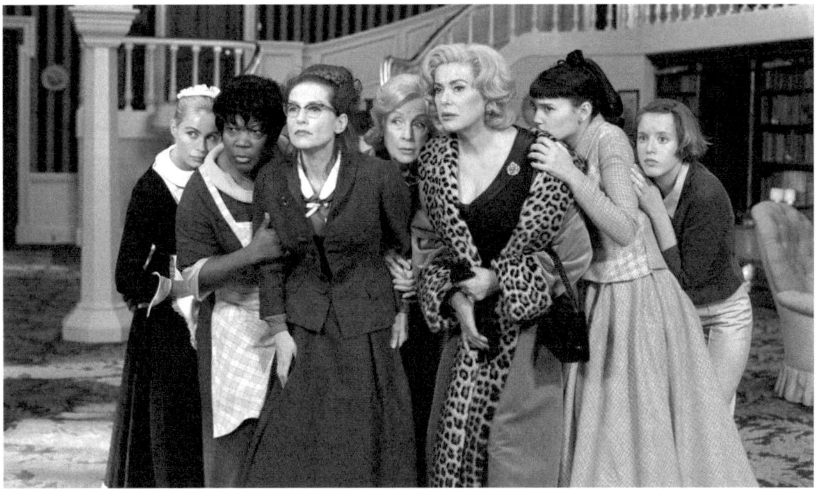

Ein Ensemble von Frauen

Frauen sich selbst zu verhören.

Wer war wo in der letzten Nacht? Wer könnte ein Motiv für die Tat haben? Wer könnte vom Ableben des Hausherren profitieren? Hinter der bisher so glatten Fassade tauchen erste Brüche auf, Fragen und Ungereimtheiten, die schnell zu Verdächtigungen und Zuschreibungen werden. Wie stand es um Marcels Geschäfte? Wer sind die Erben? Gibt es überhaupt etwas zu erben? Oder ist das Geld längst verteilt? Wer hat wen übervorteilt? Und mit welchen Mitteln? Dass die Frauen sich nicht grün sind, dass der Raum gefüllt ist mit Animositäten, ist unschwer zu bemerken.

Wie so oft in einer derart „leiterlosen Gruppe" entsteht auch hier eine unerhörte Dynamik, die von den Beteiligten kaum noch zu steuern ist. Permanent und rasant wechseln Struktur und Machtgefüge der Gruppe: Da gibt es Momente großen Zusammenhaltes, wenn es darum geht, ganz schnell die Täterin zu finden. Will sich aber eine der Frauen aus der Schusslinie bringen oder soll eine andere belastet werden, können blitzschnell die Koalitionen wechseln, werden destruktiv-zentrifugale Kräfte übermächtig.

Zwischen Beichtstunde und Tribunal

Aus Animositäten entstehen Verdächtigungen, aus Verdächtigungen werden Beleidigungen. Zwar flackert im Hintergrund das Kaminfeuer heimelig, und draußen rieselt leise der Schnee, doch angesichts des Mordes fördert die Dynamik der Gruppe bei den Frauen Ängste und Regressionen, und die Energie der dadurch berührten Komplexe entfesselt Szenen voll überbordender Rivalität und Eifersucht, voll Neid und Missgunst. Boshaftigkeit, ja der blanke Hass brechen unvermittelt hervor – sonst sorgsam verborgen hinter der Fassade wohlsituierter Höflichkeit.

Bisher gut verschlossene Konfliktfelder tun sich auf: zwischen Geschwistern, zwischen Partnern, auch zwischen Kindern und Eltern, zwischen Alt und Jung, selbst zwischen dem Personal und der Herrschaft. In seiner geradezu brutalen Emotionalität zeigt das Geschehen vor allem, in welch starkem Maß bei den Frauen ihre je eigene Schattenthematik urplötzlich aufgetaucht ist und wie sie von deren Faszination und Ablehnung gebeutelt werden. Da werden Intrigen inszeniert und Ränke geschmiedet, die Frauen kreischen, sie schimpfen, sie klagen an und sie gestehen.

Auch wenn solches Geschehen, changierend zwischen Beichtstunde und Tribunal, in seiner extremen Zuspitzung in erster Linie der Dramaturgie geschuldet sein mag und so manche Szenen Slapstick-Charakter haben oder an Screw-Ball-Komödien des klassischen Hollywood-Kinos erinnern, so machen sie im Handlungsstrang durchaus Sinn.

Jede birgt ein dunkles Geheimnis

Zwei solcher Szenen sollen dies verdeutlichen: Während einer hochdramatischen Auseinandersetzung mit ihrer Tochter springt Mamy, die an den Rollstuhl gefesselte Großmutter, in ihrer Aufregung plötzlich von diesem und läuft putzmunter die Treppe hoch, sodass sich alle fragen: Mamy, eine Simulantin? Die Anführerin des Clans eine Lügnerin? Ein Teil ihrer so wohl gebauten großmütterlichen Fassade stürzt ein und schnell auch ihr ganzes Lügengebäude. Sie lüftet ihr Geheimnis, als ob sie einen Anfang machen wolle, die Tragödie ihrer Familiengeschichte zu enthüllen.

Und wenn Gaby, die elegante, geldgierige und so sehr auf Schein und Repräsentation bedachte Hausherrin, sich in einer späteren Szene mit ihrer Intimfeindin, der glutäugigen, sinnlich-verschwenderischen Pierrette in einem Ringkampf auf dem Teppich wälzt und sich dieser, ihrer Schattenschwester, schließlich in einem innigen Kuss hingibt, ist das natürlich eine einmalige Filmszene (man fragt sich, wie es der Regisseur geschafft hat, die Deneuve und die Ardant dazu zu bringen, sich derart auf dem Boden zu wälzen). Jenseits des Inszenierungsgags steckt in beiden Szenen aber ein gutes Stück Entzauberung sowohl des ach so feinen großbürgerlichen Milieus als auch der individuellen Charaktere und kann durchaus als Beginn der Befreiung von den Fesseln der beschatteten Geschichten verstanden werden.

Jede der Frauen wird entzaubert, denn schon lang ist klar, alle bergen ein, oft dunkles, Geheimnis. Ein Geheimnis nach dem anderen wird ans Licht gebracht, und es wird deutlich, jede der acht hätte ein Mordmotiv gehabt.

Wer die Untat begangen hat und welch verblüffendes Ende die Geschichte nimmt, sei hier nicht verraten. Nur so viel: Auf seine Weise enthüllt Ozon die ganze Tragödie, in der sich eine Familiengeschichte zeigt, prall gefüllt mit allem, was man sich denken kann: ledige Mütter, falsche Väter, Ehebrecherinnen, Giftmischerinnen, lesbische Liebe, unterdrückte und heimlich gepflegte Bedürfnisse, Diebstahl und Betrug.

Alles Schau, alles Theater

Anders als Bunuel oder Chabrol, die den „diskreten Charme der Bourgoisie“ in ihrem falschen Schein, in ihrer ganzen Tragik und Verächtlichkeit oft gnadenlos enthüllen, gelingt es Ozon, einen Film zu schaffen, in dem er Elemente eines Agatha-Christie-Krimis mit solchen des Melodrams, der Komödie und Satire, ja sogar des Musicals verquickt. Solch gekonntes Spiel mit den Genres macht den Film so besonders. Dabei zeichnet Ozon ein Gesamtbild, in das sich sowohl die tragischen als auch die komischen Elemente nahtlos einfügen, und immer bleibt erkennbar, was Ironie, was Parodie und was Ernst ist.

8 Frauen ist die Verfilmung einer Boulevardkomödie, eines in Vergessenheit geratenen Theaterstücks von Robert Thomas. Als ob der Regisseur gleich am Anfang signalisieren wollte: „Alles Schau, alles Theater!“, lässt er den Film überstilisiert, in gewollter Künstlichkeit beginnen. Schon die ersten Bilder in zuckersüßen Kameraeinstellungen, wie gemalt, ein Anflug von Kitsch: der ruhige Schwenk über den Park, zart rieselnde Schneeflocken, ein Reh vor dem noblen Herrenhaus. Repräsentativ - ein Traum der Bourgoisie! Kulisse oder Kartenhaus? Zu schön, um wahr zu sein! Dass Repräsentation - der schöne Schein, der gute Auftritt, „großes Theater“ - das hervorstechende Thema des Films ist, davon spricht die ganze Aufmachung. Was Wunder, dass Ort und Ausstattung theaterartig sind. Gleich einem Kammerspiel findet die gesamte Handlung in einem Raum statt, die Halle des Landhauses die Bühne, ein Bühnenbild mit einer einzigen Kulisse, das Dekor im Stil der 50er Jahre, rote Teppiche, Samtvorhänge, die geschwungene Treppe, alles wie geschaffen für den großen Auftritt.

Nicht nur, dass der fortwährende Hinweis „Alles Spiel, alles Theater", dazu dient, das Geschehen zu verfremden und den Zuschauer auffordert, Distanz zum Geschehen zu halten, mehr noch führt die lokale Begrenzung auf den Ort der „Bühne" zu einer ungeheuren Konzentration auf die Darstellerinnen. Und das zu Recht, denn Ozon versammelt einige der größten weiblichen Stars des französischen Films aus mehreren Jahrzehnten. Und jede der acht Grazien bekommt ihren großen Auftritt. Ozon tut so, als inszeniere er Theater, dabei entsteht ein Film. Dank dieser reflektierten Künstlichkeit und Raffinesse können die Diven ihre Rollen in aller Doppelbödigkeit entfalten. Sie spielen Figuren und zugleich sich selbst und zitieren dabei noch ein Stück Kinogeschichte.

Ein doppelbödiges Spiel

Die Deneuve, nobel gewandet, ganz die über alles erhabene Diva, spielt nicht nur die Rolle der eleganten Hausherrin, sondern auch sich selbst, und in diesem Spiel sind überdies noch Anklänge an frühere Rollen enthalten. Wie sie sich dabei selbst karikiert, parodiert und zitiert, schon das ist sehenswert. Wenn dann jedoch die Handlung plötzlich unterbrochen wird, die Darstellerin ganz aus der Rolle tritt, um ein Chanson zu singen, ist die Überstilisierung auf die Spitze getrieben, und das Genre wechselt zum Musical. Denn jede der acht Frauen bekommt eine solche Showeinlage. Tanzend und singend präsentieren sie sich, unterhaltsam, glamourös, und doch sind dies kurze Momente der Wahrheit, die ins Innere der Aktricen schauen lassen. Der Augenblick, wo eine Figur ihr Herz öffnet und an ihren Träumen teilhaben lässt – hier wird er ganz einfach in die Musik verlegt.

Oder wenn sich Fanny Ardant, flammendrot-frivole Versuchung, mit dem Chanson *A quoi sert de vivre libre* in Szene setzt, in ihrem Showauftritt Mantel und Jacke ablegt, den Handschuh lasziv vom Arm streift, dabei vom Leben als Verausgabung singt, ist das sowohl Erinnerung an die Karriere der Pierrette als Femme fatale und Tänzerin, aber es schimmert auch die Ardant selbst als junge Schauspielerin durch, die sich in ihren frühen Filmen als Inbegriff der Leidenschaft und des Begehrens präsentierte. Vor allem aber zollt die umwerfende Szene Tribut an Rita Hayworth' unvergessenen Striptease *Put the Blame on Mame* in Charles Vidors *Gilda*. So werden hier wie an vielen anderen Stellen des Films große Momente des Kinos zitiert, fast eine Hommage an das klassische Starkino, was ihn, nebenbei bemerkt, für Cineasten zu einer wahren Fundgrube macht. Das ist nicht nur Ausdruck des Films, sondern Ausdruck der Welt des Kinos.

Also alles nur Spiel, Theater, Kino? Die Welt als Bühne, auf der die Menschen ihre Rollen spielen? Die Realität, heißt es in Ingmar Bergmanns *Persona*, ist diabolisch. Natürlich hat Ozons *8 Frauen* in seiner Buntheit, Vielfältigkeit, Künstlichkeit wenig gemein mit der meist ungeschminkten Darstellung des Dunklen, des Bösen in Werken des Film noir oder des Neorealismus. Aber vielleicht ist Ozons filmischer Umgang mit dem Teuflischen ganz im Sinne der Bemerkung des Psychoanalytikers Michael Buchholz: „Was anfänglich als Tragödie erschien, kann bei einer späteren Erzählung manchmal auch schon als weniger tragisch, manchmal dann auch als Komödie erzählt werden." Oder, wie es so schön heißt: Die menschliche Komödie ist das erträgliche Gesicht der menschlichen Tragödie.

„Die tollsten und ergreifendsten Dramen spielen bekanntlich nicht im Theater, sondern in den Herzen bürgerlicher Menschen" (Jung, GW 7, Anh. S. 280), oder doch auch?

„Im Oktober werden Wunder wahr“[22]

Ein Film von Daniel und Diego Vegas, 2010

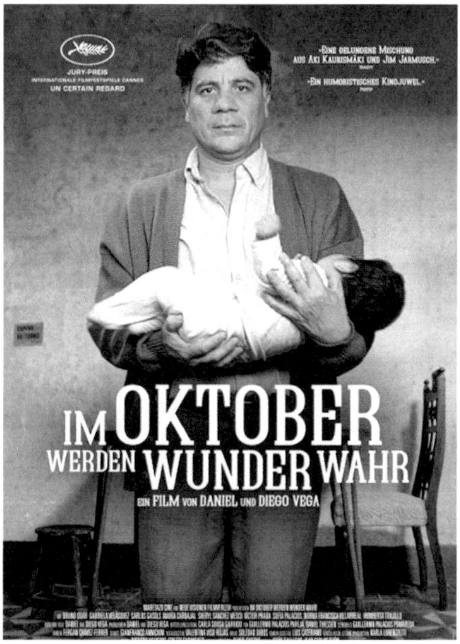

Geld und Finanzen – seit geraumer Zeit verbinden wir damit Begriffe wie Krise, Blase, Spekulation, Gier. Unsere Assoziationen landen bei den Banken und Börsen in New York, London, Frankfurt, den ominösen „globalen Märkten“, bei Hedgefonds und Rating-Agenturen, und als Agierende wirken maßgeblich mit: Makler und Spekulanten, Börsenhaie und -betrüger, Analysten und Finanzmagier, all jene Protagonisten, die dort als „Masters of the Universe“ das große Rad drehen.

Diese Welt, gigantisch und von vermeintlicher Omnipotenz, geheimnisvoll, undurchsichtig, bevölkert von Genies und Schurken, Glücksrittern und Gierhälsen, ist wie gemacht für die großen Dramen des Hollywoodkinos – und klar hat sich dieses den Machenschaften der Wall Street ausgiebig gewidmet: „Wall Street“, „Der große Crash“, „Das schnelle Geld“, um nur drei der fast unzähligen Titel zu nennen.

Und dennoch – kein Hollywoodfilm soll hier vorgestellt werden, kein Film aus der Produktion der Großen und Mächtigen, keiner der die aufgeregte Diskussion um die Macht der Märkte, den Fluss der gigantischen Finanzströme in oft ebensolcher Machart darstellt. Selbst Insidern wie Steven Spielberg und George Lucas drängt sich inzwischen der Eindruck auf, als wären Hollywoodfilme häufig nicht mehr in erster Linie Erzählungen, sondern würden zunehmend zu aufgeblähten Produktionen mit trickreichem Geprotze, würden auch sie Spekulationsprodukte oder Warentermingeschäfte.

Eine Welt jenseits von Hollywood

Vielleicht ist es reizvoller, Produktionen Aufmerksamkeit zu schenken, die aus einer anderen Ecke der Welt kommen und von anderer Machart sind. Auch wenn wir Gefahr laufen, es aus den Augen zu verlieren, es gibt sie auch und immer noch: die Welt jenseits von Wall Street und Hollywood, jenseits jener Welt des vermeintlichen oder tatsächlichen Überflusses, eine Welt, wo nicht das „große Spiel" gespielt wird. In diese Welt der Kargheit, der Armut und Not der kleinen Leute führt insbesondere das Kino Lateinamerikas. Obwohl seine Filme lange Zeit bei uns eher selten zu sehen waren, finden sich Produktionen aus Südamerika immer öfter unter den Preisträgern internationaler Festivals, und inzwischen haben es doch etliche in unsere Kinos geschafft. So z. B. der Siegerfilm der Berlinale 2009 „Eine Perle Ewigkeit" oder das in Cannes 2010 ausgezeichnete Werk „Octubre – Im Oktober werden Wunder wahr".

Immer sind es kleine Produktionen, meist in der knappen Ästhetik des neuen lateinamerikanischen Films, welche häufig sowohl in ihrer Thematik als auch in ihrem sparsamen Stil an die Filme des Finnen Aris Kaurasmäki („Lichter der Vorstadt", „Le Havre") erinnern. Ganz dieser Tradition verpflichtet präsentieren die Brüder Daniel und Diego Vegas in „Octubre", ihrem Filmdebüt, eine Episode aus ihrer peruanischen Heimat, die näher zu betrachten lohnt.

Das Leben – ein strikt kalkulierbares Tauschgeschäft

In „archaischen Zeiten" des Finanzkapitalismus kannte man die Figur des Pfandleihers, auch die des Wucherers – und eben ein solcher steht im Zentrum dieses Films. Im Leben des verschlossenen und wortkargen Clemente, Pfandleiher mit einem „Händchen" für Geld, geht es geregelt zu. Er lebt zurückgezogen nach einem klaren, immer gleichen Tagesablauf. Tagaus tagein kommen die Armen aus seinem Viertel und bitten ihn um Geld, kleine Beträge nur, und diesem Geschäft geht er penibel nach. Sorgsam trägt er die Kreditbeträge in sein Buch ein, zahlt das Geld aus und lässt sich dafür entsprechende Sicherheiten geben. Sein Geld und die „Wertsachen" hat er in einer Schatztruhe unter dem Ofen verstaut. Es scheint, als wäre er mit diesem monotonen Leben zufrieden.

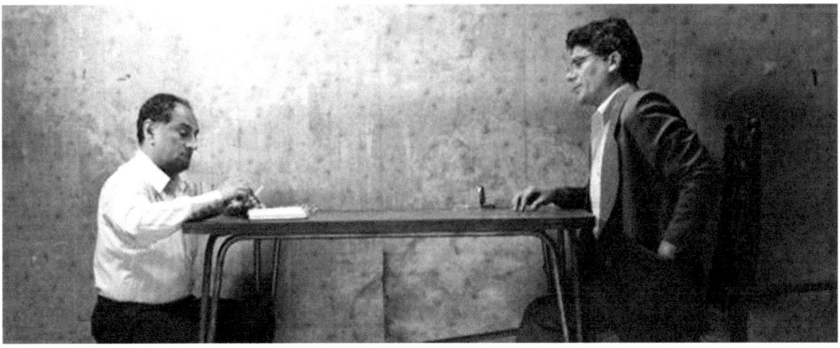

Eine unsichere Balance. Der Pfandleiher Clemente mit Kundschaft.

Wenn Clemente seinen immer gleichen Geschäften nachgeht, wenn er seine Kunden ohne Gefühlsregung empfängt und verabschiedet, wenn er ihnen am Tisch gegenübersitzt, Geld gibt und Pfänder nimmt, findet dies seine konsequente Entsprechung in der Ästhetik der Bilder des Films. Die stark symmetrische Bildgestaltung, die statischen Kameraeinstellungen, das blässlich-blaue Licht zeigen nicht nur unmittelbar die äußere und innere Ordnung, die Tristesse und Zwanghaftigkeit, die Kühle und Erstarrtheit des Protagonisten, sie sind darüber hinaus von einer besonderen Schönheit.

Clementes Philosophie basiert auf Handel. Überhaupt versteht er das Leben als strikt kalkulierbares Tauschgeschäft. Seine Bedürfnisse nach körperlicher Zuneigung und Nähe erledigt er ebenso geschäftsmäßig und wortlos im Rotlichtviertel seiner Stadt. Man sieht, alles hat seine Ordnung, klar geregelt, geradezu eine symmetrische Ordnung, auf welche die Regisseure – wenngleich teilweise fast manieriert geradezu versessen sind.

Eine unsichere Balance

Dennoch ist bald zu bemerken, dass es kleine Unstimmigkeiten in der Symmetrie der Bilder gibt. Wenn z. B. bei der Abwicklung eines Kreditgeschäftes der Kunde niedrig auf einem „Armesünderstühlchen“ sitzt, dem gegenüber Clemente geradezu thront, zeigt dies zwar die tatsächlichen Machtverhältnisse, aber in solchem Bild ist auch verborgen, dass da etwas recht instabil ist, dass etwas aus der streng geregelten Balance geraten könnte.

Und tatsächlich wird Clementes Leben gehörig durcheinandergebracht, als ihm eines Abends jemand ein Baby vor die Tür gelegt hat. Dieses schreit nach Leibeskräften und will versorgt werden, was Clemente heillos überfordert. Was soll er mit dem Säugling tun? Nicht nur die Nachbarn munkeln, auch er weiß, dass es ein Kind ist, entstanden aus der Verbindung mit einer bezahlten Liebschaft. Dennoch ist er nicht gewillt, die Verantwortung für dieses Kind zu übernehmen. Deshalb ist er wild entschlossen, die Mutter des Kindes schnellst möglich ausfindig zu machen.

Bis es soweit ist, bittet er seine Nachbarin Sofia, auch sie allein und recht einsam, sich um das Baby zu kümmern – natürlich gegen Bezahlung. Da die Betreuung des Babys einiges an Zeit beansprucht, zieht Sofia, religiös und wundergläubig, kurzerhand samt ihrem Schrein für den „Gott der kleinen Wunder" bei Clemente ein.

Huldigt Clemente dem Kult des Geldes, so huldigt Sofia dem Kult des „Senor de los Milagros", einem in Peru weitverbreiteten Wunderglauben, der im Oktober mit großen und farbenprächtigen Prozessionen gefeiert wird. Ihm verdankt der Film nicht nur seinen Titel, in diesen „Wundermonat" ist er auch eingebettet. Wobei der spanische Titel schlicht „Octubre" heißt, während in der deutschen Umformulierung die Wunder ins Blickfeld gerückt werden.

Das Kind und die Frau

Und es grenzt geradezu an ein Wunder, was durch das unerwartete Auftauchen des Kindes mit Clemente geschieht, welche Dynamik entsteht, wie sich die Ereignisse überschlagen und er in sie verwickelt wird. Obwohl er die Möglichkeit hätte, das Baby in staatliche Obhut zu geben, behält er es bei sich. In berührenden Bildern kann der Zuschauer verfolgen, wie er sich um das Wohlergehen des Kindes bemüht, zwar immer noch in gewohnt erstarrter Manier, aber man spürt, dass da Seiten zum Leben kommen wollen, die dieser einzelgängerische Kauz bisher in rigiden Lebensabläufen festgezurrt hat, unterdrückt, ausgegrenzt und unzugänglich - gut, zu gut verschlossen, wie sein Geld in der Truhe. Vor allem weil man weiß, dass es bislang für ihn selbstverständlich war, die Dinge im Außen und in seinem Inneren strikt geregelt zu bekommen, und er auch jetzt meint, das Babysitten von Sofia könne er, seiner bisherigen Maxime folgend, rein geschäftlich regeln, ist man um so mehr verwundert über die Großzügigkeit, mit der er Sofia in seinem Haus gewähren lässt. Mehr noch, ohne dass die beiden es merken, entsteht eine Art Familienleben, gegen welches sich Clemente allerdings sträubt, da er nach wie vor davon überzeugt ist, er habe alles unter Kontrolle, auch dass er Sofia geschäftsmäßig nutzen könne, so wie er bisher alle Menschen benutzt hat.

Dennoch scheint es, als wäre die Begegnung mit dem Kind von einer überwältigenden, durchaus archetypischen Wirkung auf Clemente gewesen, als habe sie Lebenskräfte in ihm angestoßen, die zwar noch jenseits seines aktuellen Bewusstseins in seiner Einseitigkeit und Begrenztheit liegen, die aber zukünftige Wege und Möglichkeiten der Entwicklung ankündigen.

Auch die Begegnung mit Sofia scheint in ihm bislang unbekannte Animakräfte angetippt und Energien in Bewegung gesetzt zu haben, die darauf drängen, seine Erstarrung zu lösen und Eros und Beziehungsfähigkeit lebendig werden zu lassen, solche, die nach Aufbruch und Abenteuer drängen. Kräfte, die er, davon überzeugt, alles ließe sich mit Geld regeln und unter Kontrolle halten, trotz allen Widerstandes je länger je mehr kaum noch bändigen kann. Und so nehmen die Unwägbarkeiten zu, bricht sich Unkontrolliertes Bahn.

Zwischen Komik und Tragik

Nicht nur das Baby umsorgt Sofia liebevoll, auch gegenüber Clemente ist sie zugewandt und einfühlend, nicht ohne Versuche, ihn zu verzaubern und zu verführen, dabei oft auch – allzu- deutlich in sein Leben eingreifend. So zum Beispiel, wenn er eines Tages seinen Arbeitsplatz dergestalt verändert findet, dass die Kunden jetzt auf einer Höhe mit ihm sitzen.

Solcherlei Hinweise und Angebote, durchaus mit Momenten der Vereinnahmung und Übergriffigkeit, scheinen jedoch an Clementes bemerkenswerter Ignoranz abzuprallen. Zwar sind die Animakräfte dabei, die Erstarrung aufzuweichen, dennoch sind sie für sein Bewusstsein noch nicht produktiv und hilfreich.

Dennoch treten diese Energien lediglich durchbruchartig und ungewollt in Erscheinung. Ungereimtheiten, ja Unzumutbarkeiten geschehen ihm, bislang für Clemente sowohl im Privaten als auch in seiner Professionalität undenkbar selbst Falschgeld lässt er sich andrehen und kriegt es nicht mehr los.

Derlei Situationen werden mit deutlicher Dynamik in Szene gesetzt, meist angesiedelt zwischen Komik und Tragik und nun auch in Bildern, die plötzlich dabei sind, ihre Statik und Symmetrie aufzugeben. Auch Sofia bleibt von seinen unberechenbaren Durchbrüchen des Rückzugs und der Ablehnung nicht verschont, denn Clemente ist noch weit davon entfernt, Gefühle der Dankbarkeit zu zeigen oder gar Zuneigung und Liebe als Geschenk anzunehmen. Als Clemente eines Tages nach Hause kommt, hat Sofia die Flucht ergriffen und ist samt Baby verschwunden.

Doch allmählich interessiert, ob die beiden wohl zusammenfinden? Der Film verrät uns nicht, wie die Geschichte „ausgeht", und wie so oft müssen sich die Zuschauer das Ende selbst zusammenreimen. Bei aller Rätselhaftigkeit bieten die Regisseure jedoch Schlussszenen an, die ein „gutes" Ende andeuten. Die vorletzte Sequenz zeigt Sofia verzückt lächelnd und inbrünstig betend inmitten der feierlichen Oktober-Prozession zu Ehren des Gottes der kleinen Wunder. Dann im letzten Bild bar jeglicher Symmetrie und voller Bewegung: Clemente inmitten der Prozessionsteilnehmer, er hat sich auf den Weg gemacht, durchstreift die Menge – sich gegen den Strom bewegend, suchend.

Doch den letzten Satz in diesem so bildmächtigen aber wortkargen Streifen richtet zuvor schon Clementes Stammprostituierte an ihren Freier anlässlich eines unerwarteten und ihm peinlichen Missgeschicks: „Man muss Veränderungen zulassen!" Geradezu eine Quintessenz.

Die Macht der „Schwarzen Schwäne"

Bei seinem Erscheinen hat „Octubre" im Wesentlichen positive Kritiken geerntet. Meist wird die leise Inszenierung des großen Wandels hervorgehoben, ihre tragikomische Ambivalenz, fern jeglicher Schadenfreude. Immer werden die stiltypischen, stilsicheren Bilder gelobt. Bis auf wenige Ausnahmen sind die Besprechungen fasziniert vom Reduktionismus und Minimalismus des Films, auch wenn er dadurch dem Zuschauer einiges an Geduld abverlange. Eine Kritik meint, man habe es gar mit einem Solitär zu tun.

Sicher ist „Octubre" eine individuelle Wandlungsgeschichte. Interessant aber ist – und das bleibt zumeist unbedacht - dass ihr Held Geldverleiher ist und dass Clemente, der in seinem Viertel gewissermaßen die „Wall Street" der kleinen Leute verkörpert, durch ein nicht kalkuliertes Ereignis in eine Krise geraten ist.

Durchaus möglich, dass die Filmemacher über die individuelle Geschichte hinaus einen Aspekt einfließen lassen wollten, der im Zusammenhang mit der Banken- und Finanzkrise diskutiert wird. Gedanken, die schon 2007 vom ehemaligen Finanzmathematiker Nassim Taleb in seinem Buch „Der schwarze Schwan“ dargelegt wurden, in denen er vor allem der Finanzwelt, aber nicht nur ihr, vorhält, sie seien Opfer einer Illusion, indem sie glaubten, alles sei berechen- und mit Hilfe von Statistik und Wahrscheinlichkeitsrechnung strikt kontrollierbar und zu beeinflussen. Gefangen in dieser Ideologie (als gäbe es nur „Weiße Schwäne“) ignorierten sie die Möglichkeit unvorhergesehener, unwahrscheinlicher Ereignisse (die „Schwarzen Schwäne“). Anders als in der Finanzwelt, wo das Auftauchen solch „Schwarzer Schwäne“ katastrophale Zusammenbrüche zur Folge hatte, brechen bei Clemente durch die Kraft des Eros verwüstete Strukturen auf.

Quellenangaben

1 Cinema Paradiso, 1988, Regie Guiseppe Tornatore. Mit Philippe Noiret, Jacques Perrin, Salvatore Cascio, Marco Leonardi. Essay erstmals erschienen in Jung-Journal, Forum für Analytische Psychologie und Lebenskultur, „Was soll das bedeuten? Deutung und Bedeutung", Heft 47, April 2022.

2 8 ½, 1963, Regie Federico Fellini. Mit Marcello Mastroianni, Claudia Cardinale, Anouk Aimée. Jung-Journal, „Träume", Heft 40, Oktober 2018.

3 Wilde Erdbeeren, 1957. Regie Ingmar Bergman. Mit Victor Sjöström, Bibi Anderson, Ingrid Thulin. Jung-Journal, „Individuation – Die Entfaltung des Selbst", Heft 42, Okt. 2019.

4 Fitzcarraldo, 1982. Regie Werner Herzog. Mit Klaus Kinski, Claudia Cardinale. Jung-Journal, „Visionen", Heft 37, März 2017.

5 Don Juan DeMarco, 1995. Regie Jeremy Leven. Mit Marlon Brando, Jonny Depp, Faye Dunaway. Jung-Journal, „Die Welt spielt", Heft 23, Februar 2010.

6 Alexis Sorbas, 1964. Regie Michael Cacoyannis. Mit Anthony Quinn, Alan Bates, Irene Papas, Lila Kedrova. Jung-Journal, „Weisheit", Heft 27, Februar 2012.

7 Il Postino, 1994. Regie Michael Radford. Mit Philippe Noiret, Massima Troisi, Maria Grazia Cucinotta. Jung-Journal, „Liebeszauber", Heft 31, März 2014.

8 Das Mädchen und der Künstler, 2012. Regie Fernando Trueba. Mit Jean Rochefort, Aida Folch, Claudia Cardinale. Jung-Journal, „Das Schöpferische", Heft 35, März 2016.

9 Der Schmetterling, 2002. Regie Philippe Muyl. Mit Michel Serrault, Claire Bouanich. Jung-Journal, „Mythos Kind", Heft 21, Februar 2009.

10 Chocolat, 2000. Regie Lasse Hallström. Mit Juliette Binoche, Johnny Depp, Judi Dench, Alfred Molina, Victoire Thivisol. Jung-Journal, „Essensausgabe", Heft 38, September 2017.

11 Lunana, 2022. Regie Pawo Chovning Dorji. Mit Sherab Dorji, Kelden Lhamo Gurung. Jung-Journal, „Ressourcen – Quellen des Lebens", Heft 49, April 2023.

12 Ein perfekter Platz, 2005. Regie Danièle Thompson. Mit Cécile de France, Valérie Lemercier, Albert Dupontel, Claude Brasseur. Jung-Journal, „Was für ein Glück!", Heft 24, September 2010.

13 Man muss mich nicht lieben, 2005. Regie Stéphan Brizé. Mi Patrick Chesnais, Anne Consigny, George Wilson. Jung-Journal, „Berührungen", Heft 43, April 2020.

14 Die fabelhaften Baker Boys, 1989. Regie Steve Klose. Mit Jeff Bridges, Michelle Pfeiffer, Beau Bridges. Jung-Journal, „Musik – Klang der Seele", Heft 33, März 2015.

15 Frantz, 2016. Regie Francois Ozon. Mit Paula Beer, Pierre Niney, Ernst Stötzner, Marie Gruber. Jung-Journal, „Lüge und Wahrheit", Heft 39, März 2018.

16 Green Book, 2018. Regie Peter Farelly. Mit Viggo Mortensen, Mahershala Ali, Linda Cardellini. Jung-Journal, „Komplex – vom Teufel geritten", Heft 46, Oktober 2021.

17 Le Havre, 2011. Regie Aki Kaurismäki. Mit André Wilms, Kati Outinen, Jean-Pierre Darroussin, Blondin Miguel. Jung-Journal, „Bedrohte Ordnungen", Heft 45, April 2021.

18 Neruda, 2017. Regie Pablo Larrain. Mit Gael Garcia Bernal, Luis Gnecco, Mercedes Morán. Jung-Journal, „Sinn und Zweifel", Heft 48, Oktober 2022.

19 Rififi, 1955. Regie Jules Dassin. Mit Jean Servais, Karl Möhner, Robert Manuel. Jung-Journal, „Geheimnis Nacht, Heft 25, Februar 2011.

20 Immer Ärger mit Harry, 1955. Regie Alfred Hitchcock. Mit Edmund Gwenn, John Forsythe, Shirley MacLaine, Mildred Notwick. Jung-Journal, „Die Lachnummer", Heft 29, Februar 2013.

21 8 Frauen, 2002. Regie François Ozon. Mit Danielle Darrieux, Catherine Deneuve, Isabelle Huppert, Emmanuelle Béart, Fanny Ardant,Virginie Ledoyen, Ludivine Sagnier, Catherine, Firmine Richard, Dominique Lamure. Jung-Journal, „Dem Bösen auf der Spur", Heft 32, September 2014.

22 Im Oktober werden Wunder wahr, 2010. Regie Daniel und Diego Vegas. Mit Bruno Odar, Gabriela Velasquez, Carlos Gassols. Jung-Journal, „Geld", Heft 30, August 2013.

Die Filme sind alle als DVD im Handel erhältlich.

Jung JOURNAL

Forum für Analytische Psychologie und Lebenskultur

Heft 20	2008	Stirb und Werde	ISBN 978-3-939322-19-1
Heft 21	2009	Mythos Kind	ISBN 978-3-939322-21-4
Heft 22	2009	Um Himmels Willen	ISBN 978-3-939322-22-1
Heft 23	2010	Die Welt spielt	ISBN 978-3-939322-23-8
Heft 24	2010	Was für ein Glück!	ISBN 978-3-939322-24-5
Heft 25	2011	Geheimnis Nacht	ISBN 978-3-939322-25-2
Heft 26	2011	Woher kommt die Zukunft?	ISBN 978-3-939322-26-9
Heft 27	2012	Weisheit	ISBN 978-3-939322-27-6
Heft 28	2012	Macht: Faszination u. Tabu	ISBN 978-3-939322-28-3
Heft 29	2013	Die Lachnummer	ISBN 978-3-939322-29-0
Heft 30	2013	Geld	ISBN 978-3-939322-30-6
Heft 31	2014	Liebeszauber	ISBN 978-3-939322-31-3
Heft 32	2014	Dem Bösen auf der Spur	ISBN 978-3-939322-32-0
Heft 33	2015	Musik - Klang der Seele	ISBN 978-3-939322-33-7
Heft 34	2015	Eros und Sexualität	ISBN 978-3-939322-34-4
Heft 35	2016	Das Schöpferische	ISBN 978-3-939322-35-1
Heft 36	2016	Gehirn und Seele	ISBN 978-3-939322-36-8
Heft 37	2017	Visionen	ISBN 978-3-939322-37-5
Heft 38	2017	Essensausgabe	ISBN 978-3-939322-38-2
Heft 39	2018	Lüge und Wahrheit	ISBN 978-3-939322-39-9
Heft 40	2018	Träume	ISBN 978-3-939322-40-5
Heft 41	2019	Bewegtes Leben	ISBN 978-3-939322-41-2
Heft 42	2019	Individuation	ISBN 978-3-939322-42-9
Heft 43	2020	Berührungen	ISBN 978-3-939322-43-6
Heft 44	2020	Imagination	ISBN 978-3-939322-44-3
Heft 45	2021	Bedrohte Ordnungen	ISBN 978-3-939322-45-0
Heft 46	2021	Komplexe	ISBN 978-3-939322-46-7
Heft 47	2022	Was soll das bedeuten?	ISBN 978-3-939322-47-4
Heft 48	2022	Sinn und Zweifel	ISBN 978-3-939322-48-1
Heft 49	2023	Ressourcen	ISBN 978-3-956120-49-7
Heft 50	2023	Unus Mundus	ISBN 978-3-956120-50-3